ÉTABLISSEMENT

DE

CHARITÉ & D'INSTRUCTION

DE

PULIGNY-MONTRACHET

BEAUNE

IMPRIMERIE ARTHUR BATAULT

1903

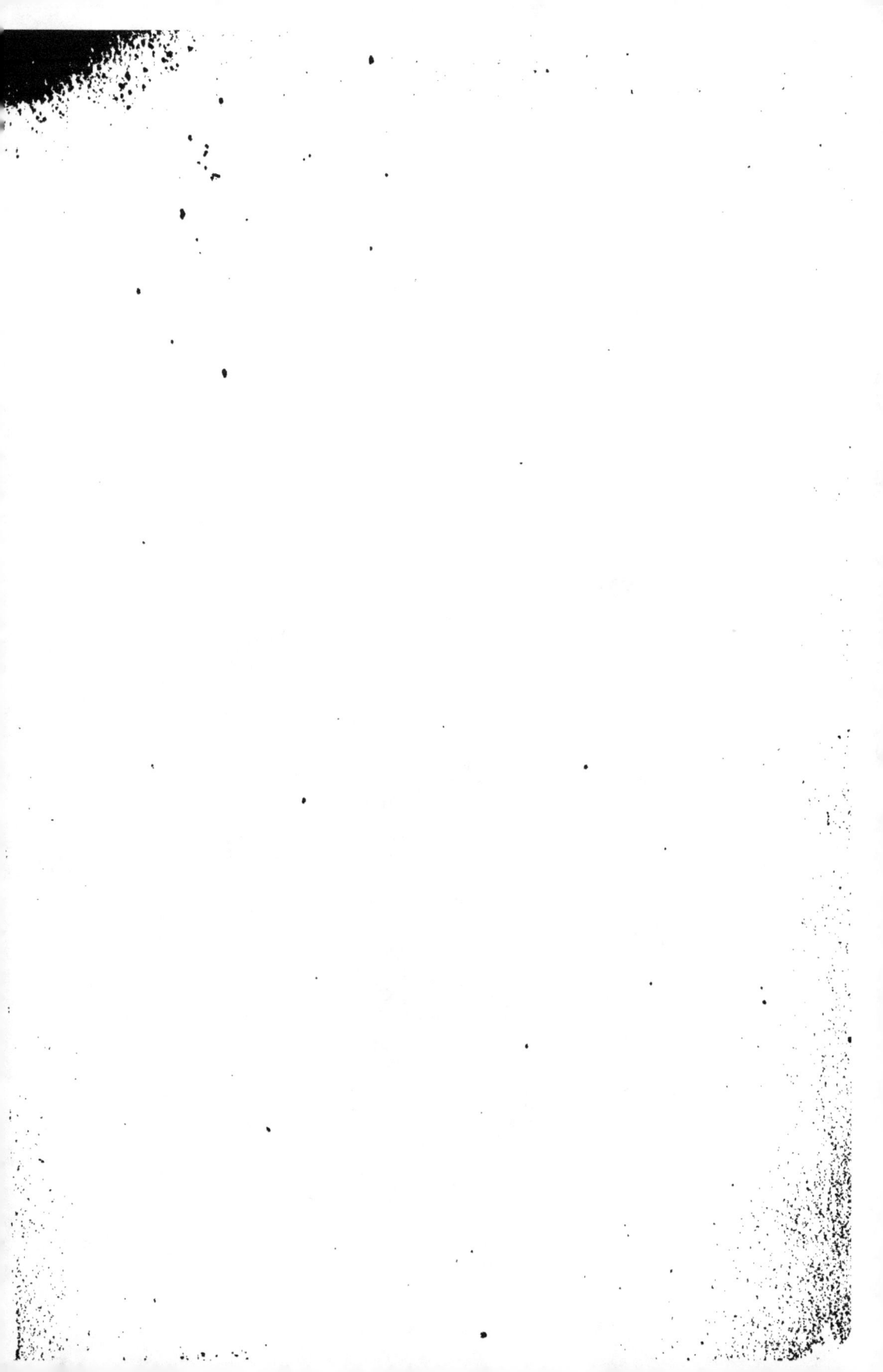

ÉTABLISSEMENT

DE

CHARITÉ & D'INSTRUCTION

DE

PULIGNY-MONTRACHET

BEAUNE

IMPRIMERIE ARTHUR BATAULT

1903

ÉTABLISSEMENT

DE

CHARITÉ & D'INSTRUCTION

DE PULIGNY-MONTRACHET

CHAPITRE PREMIER

Construction de la Maison. — Fondation de l'Etablissement. — Premiers Bienfaiteurs

---

I

L'Etablissement de charité et d'enseignement de Puligny fut fondé à la fin du dix-huitième siècle. Il a donc un âge respectable; et quand on considère qu'il a traversé, sans grands dommages, la terrible tourmente de 1793, on doit en conclure que, dès ses débuts, il avait conquis la sympathie générale. Cette affection, il ne l'a jamais perdue; jusque dans nos jours troublés, les arrière petits-fils de ceux qui l'ont vu naltre se montrent sincèrement attachés à l'établissement qui a tant fait pour leurs pauvres et pour leurs jeunes filles. Rappelons brièvement son histoire afin d'augmenter, dans la mesure du possible, l'estime et la confiance qu'il mérite.

Chers habitants de Puligny, vous avez la bonne fortune
de posséder dans vos archives des actes publics et notariés,
des récits de diverses époques, mais parfaitement authen-
tiques, qui ne laissent rien dans l'ombre au sujet de la fondation, de l'accroissement et de la vie quotidienne de votre
maison de charité et d'instruction.

Intéressez-vous à ces vieux parchemins, qui vont passer sous vos yeux. Ils sont votres; ils constituent comme
vos papiers de famille. Vous y retrouverez les noms de
vos pères, vous y lirez leurs mœurs et leurs coutumes;
enfin, il vous faudra un bien faible effort d'imagination
pour vous représenter dans quelle honorable mesure ces
hommes de cœur et de foi se sont associés à une œuvre,
faite d'ailleurs pour le bien de leurs enfants et de leurs
pauvres, comme dans l'intérêt des générations futures.

II

Au dix-huitième siècle, l'instruction populaire était plus
en honneur qu'on ne se plaît à le dire. On reconnaît vo-
lontiers qu'il existait alors dans les principales villes, dans
les bourgs et dans certaines campagnes privilégiées, des
maisons d'enseignement secondaire et des collèges floris-
sants; mais n'a-t-on pas osé prétendre que les gens d'hum-
ble condition manquaient de tout moyen de s'instruire.
C'est exactement le contraire de la vérité. Avant 1789, on
citerait peu de paroisses qui n'eussent une ou deux écoles,
et, comme les paroisses étaient plus nombreuses que de
nos jours, beaucoup de hameaux, aujourd'hui privés d'instituteur ou d'institutrice, en possédaient alors. Aussi, ne
faut-il pas s'étonner que la légende s'évanouisse devant
l'histoire et que des statistiques les plus impartiales il se

dégage ce fait incontestable qu'en certaines régions les illettrés de 1780 à 1790 étaient, toute proportion gardée, beaucoup moins nombreux qu'il y a trente ans.

L'école, il est vrai, n'avait pas si grande apparence qu'à notre époque. Elle n'était surtout point soumise à tant de règlements officiels. Tantôt elle était installée dans les dépendances du château, ou au presbytère; tantôt elle se faisait dans une maison construite aux frais des habitants, ou donnée par une personne charitable. Mais, dans tous les cas, chacun pouvait s'y intéresser comme à sa propre chose et chacun était sûr d'en trouver toujours la porte ouverte à ses généreuses initiatives.

Le mode d'enseignement était simplement concerté et réglé par le commun accord des pères de famille et de l'autorité religieuse. Si quelquefois le curé joignait à ses fonctions sacerdotales celles de recteur d'école, le plus souvent les classes étaient tenues par des instituteurs laïques profondément chrétiens, par des religieuses ou de dignes personnes du monde, tous éprouvés et choisis par l'évêque ou par les habitants eux-mêmes.

La longue carrière fournie par ces modestes mais respectables maîtres, qui ne changeaient guère de résidence, leur créait une situation particulièrement honorée et leur donnait une très grande autorité sur les générations successives.

En ce qui concerne Puligny, un fait nous frappe : c'est que, dès le XVIIIe siècle, cette paroisse de cent feux à peine avait déjà une école de filles. (1) Elle la devait, dans une

(1). Depuis longtemps elle possédait un instituteur, faisant la classe aux deux sexes.

large mesure, à la bienfaisance d'une noble famille. Les titres que nous possédons attestent en effet que MM. Rigoley, seigneurs de Puligny et Mypont, en eurent les premiers la généreuse idée. Ils voulurent, en la réalisant, soulager les malades pauvres et pourvoir à l'instruction des jeunes filles. « Touchés par cette considération que, « lorsque les pauvres étaient affligés de maladie, ils man- « quaient des remèdes et des secours dont ils avaient be- « soin; que les jeunes filles n'avaient d'autre instruction « que celle qu'elles recevaient par la bouche de leur pas- « teur, MM. Rigoley, seigneurs de Puligny, s'étaient géné- « reusement déterminés à donner, durant plus d'un siècle, « un logement à une fille de charité, qui au moyen d'au- « mônes et de gratifications qu'elle recevait d'eux et « d'autres personnes charitables, soulageait les pauvres « malades et apprenait à lire et à écrire aux jeunes filles « de la paroisse. » (*Acte de fondation 1787*).

Cette fille de charité, dont il est ici question, nous rappelle les premières coopératrices de Saint-Vincent-de-Paul. Ce n'était point encore une religieuse astreinte à une règle et portant un costume particulier : C'était une personne du monde, recommandable par sa piété, sa douceur, son dévouement et suffisamment instruite pour le temps. Elle était choisie par le seigneur ou les habitants et approuvée par l'archiprêtre de Beaune, représentant officiel de l'évêque d'Autun. De toutes les filles de charité qui se succédèrent à Puligny pendant plus d'un siècle, nous ne connaissons que la dernière, Mademoiselle Mathouillet, légataire de Monsieur l'abbé Joseph Musard, pour une somme de 1,500 livres, destinée à la future maison de charité.

Tel nous apparaît le premier essai d'école de jeunes

filles à Puligny. Créée par Messieurs Rigoley, seigneurs de Puligny, premiers présidents de la chambre des Comptes de Bourgogne et de Bresse, installée sous le toit seigneurial, entretenue par les libéralités quotidiennes des châtelains et des habitants, cette école n'avait pourtant qu'une existence précaire; elle restait fatalement assujettie aux vicissitudes des choses humaines. Il fallait lui donner plus de stabilité; c'est à quoi pourvurent, vers la fin du dix-huitième siècle, des personnes généreuses dont la mémoire restera à jamais bénie.

III

Pleine de sollicitude pour l'œuvre de ses ancêtres, c'est-à-dire pour le soin des pauvres malades et l'instruction chrétienne de la jeunesse de Puligny, Philiberte-Françoise de Siry, veuve Rigoley, résolut d'en assurer l'avenir, l'indépendance et la perpétuité. Elle était disposée aux plus grands sacrifices pécuniaires et sur le point de commencer son entreprise, quand la mort vint la surprendre en son château du Pâquier, paroisse de Vignolles. Mais les pieuses intentions de sa mère, Madame la marquise d'Agrain, née Thérèse Rigoley, les avait recueillies avec soin et transcrites de sa main. Elle allait se faire un devoir de les mettre sans délai à exécution. Voici d'abord, résumées en quelques mots, les intentions de Madame la Présidente : « Elle veut: 1° Qu'un terrain soit concédé par « sa famille pour y construire une maison de charité et « d'enseignement; 2° Que ses héritiers participent à la « construction de cette maison pour une somme expres-« sément déterminée; 3° Qu'ils pourvoient par une dota-« tion perpétuelle à la subsistance d'une sœur de charité,

« logée gratuitement dans l'établissement et chargée de la
« double mission de donner des soins et des secours aux
« malades et une éducation chrétienne aux jeunes filles. »
« (*Mémoire des Intentions de Mme Rigoley.*) »

Ces intentions, si clairement exprimées et surtout si manifestement inspirées par des sentiments de bienfaisance
et de religion, sont des ordres sacrés pour la digne et
noble fille de Madame la première présidente. Aussi, les
exécute-t-elle dans les détails les plus minimes.

Elle fait d'abord donation du terrain sur lequel doit
s'élever la maison d'école et de charité : « Il est situé au
« Meix Pelletier, et limité par les joignants : d'orient,
« la veuve et les héritiers du sieur Charles Mathouillet;
« d'occident, Me Pierre Latour, notaire; de midi, la rue
« appelée rue Pelletier; et de septentrion, Madame veuve
« Mérandon, de Beaune. »

Si l'objet de cette donation est nettement spécifié, sa
cause déterminante n'est pas moins clairement exprimée :
c'est qu'il soit construit, sur le terrain concédé, une maison
perpétuellement affectée au logement d'une sœur de charité,
chargée du soulagement des pauvres et de l'instruction des
jeunes filles de la paroisse.

IV

Construire la maison n'était certes pas la partie la moins
ardue ni la moins délicate de l'œuvre. Qui donc en allait
prendre l'initiative et en assumer la tâche ? C'est ici qu'il
faut faire entrer en scène un saint prêtre, un confesseur
de la foi, qui fût toujours le confident et l'ami dévoué des
familles Rigoley et d'Agrain. J'ai nommé Monsieur
Philibert Lardet, docteur de la faculté de théologie de

Paris, curé de Puligny, depuis 1775. C'est à lui que Mad••• la première présidente avait confié ses projets; c'est a••• lui qu'ils avaient été concertés, c'est lui, par conséqu••t, qui devait en poursuivre l'exécution et en assurer le succès.

On s'étonnera peut être de voir les châtelains de Puligny se tenir dans l'ombre, s'effacer presque complètement lors de la construction d'un établissement qui leur tenait tant à cœur. Il y a évidemment une raison à cet effacement; et cette raison, toute de délicatesse, fait honneur à la fois au zèle de Monsieur Lardet et à la générosité de Monsieur Joseph Musard, décédé curé de Colombier (1). Que le curé de Puligny ait attaché le plus haut prix à la fondation à perpétuité d'un établissement de bienfaisance et d'instruction dans sa paroisse, qu'il ait voulu prendre une part active et prépondérante à la construction de la maison, c'est chose toute naturelle; le curé n'est-il pas le père et le soutien des pauvres, le gardien et le protecteur né de l'enfance chrétienne? Son absence dans cette œuvre capitale n'aurait pu que scandaliser ses paroissiens; il le savait et voilà pourquoi il se mit au premier rang.

Sans doute il n'était question au début que d'un projet fort modeste; encore fallait-il se procurer les ressources nécessaires pour le faire aboutir. Or, une pareille entreprise ne va jamais sans difficulté. C'est l'heure de dire que le curé de Puligny fut encouragé et généreusement aidé dans son œuvre par la libéralité de Monsieur Joseph Musard, natif de Puligny.

L'homme reste toujours uni par certains liens intimes

(1 Voir plus haut.

et profonds à son pays d'origine. Il en garde religieusement le souvenir en son cœur; il le rend autant que possible bénéficiaire de ses largesses dans la personne des enfants et des pauvres, qu'il regarde comme sa seconde famille.

C'est de cette exquise tendresse, comme d'ailleurs d'une pensée éminemment chrétienne, qu'est sortie cette floraison de fondations pieuses, qui seront à jamais l'honneur du monde catholique. C'est à ce sentiment qu'obéit Monsieur l'abbé Musard, lorsqu'il lègue, par testament, à la paroisse de Puligny, une somme de quinze cents livres, avec la destination expresse et formelle qu'elle serve à la construction d'une maison pour une sœur de charité, chargée de tenir école pour les jeunes filles et de donner des soins aux malades pauvres.

Mademoiselle Mathouillet, probablement celle qui instruisait alors les jeunes filles, fut chargée d'exécuter les dernières volontés de Monsieur Musard. Les actes que nous avons sous les yeux attestent qu'elle s'en acquitta consciencieusement et qu'elle remit bien fidèlement à Monsieur Lardet la dite somme de quinze cents livres pour être employée selon les intentions du donateur.

Madame la première présidente avait aussi promis sa coopération. Elle avait même fixé le chiffre de son offrande qui devait s'élever à six cents livres. La mort vint la surprendre avant qu'elle l'eût versée; Mais Madame d'Agrain, non moins dévouée à Puligny que sa mère, s'empressa de compter les six cents livres au curé de la paroisse. (*Mém. des int. de M*ⁿᵉ *Rigoley.*)

Avec cette somme de deux mille cent francs et quelques aumônes faites aux pauvres pour le même objet, Monsieur

Lardet n'hésita plus à se mettre à l'œuvre. Il était loin d'avoir le nécessaire, mais il comptait sur la Providence. Dans quelle mesure cette entreprise dût-elle grever son budget personnel, nous ne saurions le dire. Mais il est un fait officiellement établi et que nous ne pouvons taire, c'est qu'à un moment donné, au cours des travaux, le pauvre curé se trouva sans argent et fut obligé de contracter un emprunt de six cents livres pour tenir ses engagements. A qui s'adresse-t-il pour cet emprunt? Toujours à la noble famille, qui ne se lasse jamais de donner. Nous en avons la preuve : il se fait son débiteur sur billet. (*Ibidem*).

Ce détail, qu'il nous a paru bon de relater, montre que le curé de Puligny ne vivait pas dans une grande opulence et qu'il ne reculait devant aucun sacrifice pour faire le bien dans sa paroisse.

Nous n'examinerons pas s'il eût jamais été en état de s'acquitter de sa dette; rien ne nous autorise à en douter. Mais, autre détail charmant qu'il est utile de rappeler et qui est tout à la louange des seigneurs de Puligny, c'est que la famille d'Agrain, touchée du dévouement de Monsieur Lardet et sachant bien d'autre part qu'il avait employé les six cents livres prêtées à la construction de la maison de charité de Puligny, lui rendit un jour le billet qu'il avait souscrit, en lui donnant gracieusement quittance. (*Mémoire des intentions de Mᵐᵉ Rigoley*).

VI

La maison est construite : rien de plus modeste. Elle se compose d'une classe assez vaste, de deux petites chambres, d'une cuisine et d'un évier, le tout meublé dans des conditions plus modestes encore. Les bancs de l'ancienne école trouvèrent naturellement place dans la nouvelle; la charité des seigneurs et des habitants pourvut au reste de l'ameublement. L'inventaire en a été soigneusement conservé et il ne manque ni d'intérêt, ni de grâce naïve. Qu'on en juge plûtôt : dans une chambre, une armoire, une commode, une table et six chaises en paille; dans l'autre un bois de lit, une paillasse, un mauvais lit et une table en sapin; à la cuisine, un fourneau avec ses ustensiles, deux vieilles armoires, (1) un buffet, une petite table, un vieux pétrin et deux chaises en bois; à l'évier quelques assiettes en terre et autres vaisselles du même genre. On voit par là que ce mobilier n'avait vraiment rien de trop luxueux même pour une religieuse. (*Archives des Religieuses*).

L'aménagement ainsi ordonné, restait à pourvoir au traitement de la sœur de charité. Madame la première présidente avait exprimé la volonté formelle que ses héritiers l'assurassent à perpétuité par dotation authentique. En vérité eux seuls pouvaient supporter une telle charge, et c'est sans surprise que nous voyons les habitants de Puligny reconnaître qu'ils ne sont pas en état de faire les fonds nécessaires à la subsistance d'une sœur et prier Madame d'Agrain de bien vouloir leur en fournir les moyens.(1) Elle le fit, au nom de sa mère, en constituant au profit de la sœur et des pauvres une rente annuelle et perpétuelle de 250 livres.

Nul n'ignore qu'on ne peut doter un établissement qu'à la condition qu'il ait une existence reconnue par la loi et par conséquent une personnalité civile. C'était donc à donner cette personnalité civile à la maison de Puligny qu'il

---

(1) *Acte de fondation 1787.*

fallait songer tout d'abord. Les habitants n'eurent garde de l'oublier. Par l'acte suivant, ils constituèrent un bureau de charité dans leur paroisse, en même temps qu'ils nommaient deux procureurs pour traiter en leur nom avec la famille d'Agrain :

« Le 26 décembre 1786, par devant Pierre Latour, notaire
« royal, et à la diligence de Pierre Dariot, leur procureur,
« les habitants de Puligny, Mypont et dépendances, com-
« posant la plus saine et la majeure partie de la commu·
« nauté, assemblés au son de la cloche ; au banc de l'œuvre,
« et appelés à nommer : 1° Deux procureurs généraux et
« spéciaux avec pouvoir de, pour eux et en leurs noms,
« traiter avec les seigneurs de Puligny, de la fondation
« perpétuelle d'un établissement de charité et d'instruc-
« tion ; 2° Deux députés au bureau de l'administration des
« biens présents et à venir de cet établissement, ont nom-
« mé pour leurs procureurs généraux et spéciaux les
« sieurs Jean-Baptiste Joly et Pierre Letort, et pour leurs
« représentants au bureau de charité les sieurs Félix
« Edouard, bourgeois à Puligny et Pierre Latour, notaire
« royal au dit lieu, tous deux fabriciens en exercice et
« leurs successeurs à leurs places. Ont signé : J. Patin,
« F. Meney, E. Guillarme, Claude-Martin, Patriarche,
« Pierre Dariot, J. Bulot, Félix Patriarche, C. Jouard,
« Cl. Cas, L. Couturier, C. Gras, P. Garnier, A. Deschaux,
« Jean-Baptiste Edouard, Philibert Pautet, P. Chapuis,
« Joseph Patriarche, Letort, P. Dariot, Ch. Guillarme,
« P. Couturier, P. Robert, Richard, Jean-Baptiste Joly,
« Pierre Bulot, Claude Leflaive, Joseph Girard, Antoine
« Maupied et Latour, notaire royal. »

Au 18ᵐᵉ siècle, pour régler les affaires de la com-

munauté, il y avait généralement deux sortes de réunions :
1° Les assemblées générales des habitants; 2° Les assemblées des fabriciens qui étaient chargés d'administrer les biens de l'Eglise et des pauvres de la paroisse.

Dans l'assemblée générale on désignait sous cette qualité : *La partie la plus saine de la communauté*, les officiers de justice, de police, de finances. les commissaires du pouvoir, domiciliés dans la paroisse et tous les hommes recommandables par leur instruction, leur fortune, et leur conduite exemplaire. On peut juger par ce qui précède que ces réunions générales ne manquaient ni de solennité ni d'à-propos. C'étaient bien la bonne manière de traiter les affaires d'intérêt public. On parle beaucoup aujourd'hui de referendum; le voilà fonctionnant avant 1789.

Le choix des fabriciens en exercice pour administrer les biens d'un établissement de charité et d'instruction n'a rien qui puisse nous surprendre : à cette époque le rôle des fabriques ne se bornait pas à la gestion des biens et revenus de l'Eglise. Elles avaient en outre dans leurs attributions le soin de toutes les œuvres de charité. Les biens de ces œuvres étaient régis par elles, et, chaque année, elles en rendaient compte dans un chapitre spécial de leur budget. Par là, on évitait de multiplier les administrations dans les paroisses peu considérables.

VII

Les habitants de Puligny ont un bureau de charité, ils ont des procureurs généraux et spéciaux. Ils peuvent donc légalement traiter avec Madame d'Agrain. Ils le font le jour même comme le prouve l'acte suivant :

« Par devant Pierre Latour, notaire royal résidant à Pu-

« ligny, ce jour d'hui 26 du mois de décembre 1786, après mi-
« di, ont comparu, Françoise Thérèse Rigoley, épouse de
« Messire Antoine de Pradin, marquis d'Agrain, seigneur
« du dit lieu, ci présent, et les sieurs Jean-Baptiste Joly
« et Pierre Letort, marchands à Puligny, procureurs géné-
« raux et spéciaux, nommés par les habitants de la com-
« munauté.

« Lesquelles parties ont dit savoir : la dite dame d'Agrain
« que désirant et voulant pourvoir à la subsistance et au
« soulagement des pauvres malades de sa paroisse et à
« l'instruction gratuite des jeunes filles, veut qu'il soit
« établi à perpétuité une sœur de charité conformément
« aux conditions et conventions suivantes :

« Cette sœur de charité tiendra école gratuite pour les
« jeunes filles et soignera les malades. »

« Elle sera présentée à la nomination du seigneur ou de
tout ayant-droit, par le curé de Puligny et les représentants de la communauté, qui assisteront au bureau. »

« Elle sera logée gratuitement dans la maison construite au Meix Pelletier et spécialement affectée pour le
logement à perpétuité de la dite sœur. »

« Elle sera rétribuée, pour sa nourriture et son entretien, d'une somme annuelle de deux cents livres.

« Elle recevra par ledit bureau les secours à porter aux
malades soit en argent, soit en nature. »

« Pour remplir ces deux objets il sera donné un contrat
« de cinq mille livres sur la province de Bourgogne, sous
« la rente de deux cent cinquante livres, par Madame la
« Marquise d'Agrain, qui dans ce moment ne peut que
« commencer un établissement aussi utile, mais qui ne se
« bornera pas à ce don, surtout si sa charité est secondée

« par des personnes animées du même zèle qu'elle pour
« l'éducation chrétienne et le soulagement des pauvres
« malades, *qui sont les deux seuls objets auxquels elle veut*
« *que ses bienfaits présents et à venir soient uniquement*
« *employés.*

« La dite œuvre sera régie par le seigneur ou son re-
« présentant, Monsieur le curé de Puligny et deux habi-
« tants choisis par la communauté. Ils useront de tous les
« moyens de persuasion pour engager les habitants à per-
« fectionner et à accroître l'Etablissement ; ils y réussi-
« ront en rendant sensible aux pères de famille l'utilité de
« l'instruction pour leurs enfants et des soins pour leurs
« malades. Madame d'Agrain a une entière confiance dans
« les effets que leurs exhortations pourront produire et
« elle se flatte qu'une œuvre à laquelle elle n'a pu suffire,
« selon ses désirs, s'accroîtra par les legs des âmes
« pieuses, qui voudront s'y associer.

« Les dits sieurs Joly et Letort, ci présents, ayant ouï la
« lecture de ces conditions et ayant réfléchi à leur teneur,
« ont accepté avec reconnaissance la dite fondation et ont
« fait remerciement tant en leurs noms qu'aux qualités
« qu'ils agissent. Fait et passé au château de Puligny, en
« présence des témoins requis. Signé : Rigoley d'Agrain,
« d'Agrain, Jean-Baptiste Joly, Letort, Claude Chouvine,
« Pierre Saunier.   (*Archives des Religieuses.*)

LATOUR, *notaire royal.*

VIII

Le neuf janvier 1787, a lieu une seconde assemblée générale, qui a pour objet la ratification de l'acte précédent,
l'organisation du bureau de charité et le règlement de

l'administration des biens présents et à venir du nouvel
établissement.

« Étaient présents : M. Philibert Lardet, docteur de la
« faculté de théologie de Paris, curé de Puligny, les sieurs
« Félix Edouard, Claude Leflaive, Pierre Latour, notaire
« royal et receveur secrétaire de la fabrique, et les princi-
« paux habitants formant la majeure et la plus saine partie
« de la communauté, lesquels désirant concourir aux vues
« bienfaisantes de Monsieur le Marquis et de Madame la
« Marquise d'Agrain et pourvoir de plus en plus à la sûreté
« de l'établissement que la dite dame a fait à perpétuité
« d'une sœur de charité, chargée du soulagement des
« pauvres malades et de l'école gratuite pour les jeunes
« filles de la paroisse, ont délibéré et arrêté unanimement
« ce qui suit :

« Le bureau sera composé de Monsieur le Marquis
« d'Agrain, de Monsieur le Curé de la paroisse, des sieurs
« fabriciens et du secrétaire receveur de la fabrique, qui
« le sera en même temps du dit bureau, où tous auront
« voix délibérative; et mon dit seigneur marquis d'Agrain
« aura la préséance et voix prépondérante, avec le droit de
« se faire représenter en cas d'absence par un représen-
« tant choisi et nommé par lui.

« Le bureau administrera les biens présents et à venir
« des pauvres de Puligny conjointement avec le revenu du
« capital de cinq mille livres, que Madame la marquise
« d'Agrain s'est obligée par acte reçu Latour, notaire
« royal, de délivrer à la communauté de Puligny dans le
« cours de cette année mille sept cent quatre-vingt-sept.
« Les administrateurs observeront scrupuleusement toutes
« les clauses et conditions insérées au titre de la fondation

2

« d'Agrain et comprises dans l'acte du 26 décembre
« 1786.

« Les sœurs devront inspirer à leurs élèves le goût de
« la vertu et de la modestie et les former toutes également
« à la connaissance, à l'amour et à la pratique de la reli-
« gion. Leur premier soin sera de leur apprendre les
« prières et le catéchisme du diocèse, à lire, à écrire, à
« compter et même à travailler.

« Elles sauront soigner à propos et avec prudence, pré-
« parer les médecines avec poids et mesures, panser les
« plaies avec propreté; elles visiteront exactement mais
« pendant le jour seulement, hors le cas des accidents qui
« demandent de prompts secours, tous les malades, sans
« exception ni préférence, sans qu'elles puissent rien
« exiger ni des enfants ni des pauvres malades.

« Tout ce qui concernera les heures et la durée de l'en-
« seignement, les congés et les vacances de l'Ecole, le soin
« des malades, les secours qu'on pourra leur rendre, les
« remèdes qu'on pourra distribuer gratis, sera traité dans
« les assemblées du bureau.

« Pour faire le bien avec tout le discernement possible,
« il sera formé une compagnie de dames de charité, com-
« posée d'une supérieure, d'une assistante et de quatre
« conseillères, qui visiteront les pauvres malades, exami-
« neront leur situation pour en rendre compte dans une
« assemblée qui se tiendra, au moins tous les quinze jours,
« à l'issue des vêpres dans la maison curiale. Sur les indi-
« cations de ces dames de charité, il sera fait un rôle des
« infirmes et des plus pauvres paroissiens, qui sera pré-
« senté au bureau par M. le Curé.

« Le bureau déterminera tous les mois la somme que

« M. le Receveur pourra employer à fournir, pendant le
« cours du mois, des secours que la sœur sera chargée de
« rendre aux pauvres malades sans qu'elle puisse jamais
« faire aucune distribution en argent.

« Les secours de la maison de charité ne pourront être
« administrés qu'aux habitants natifs de Puligny ou qui
« y seront domiciliés depuis dix ans; ne seront point aussi
« assistés ceux qui sont adonnés au vin ou à la débauche,
« les fainéants et les mendiants de profession, les jureurs
« et généralement tous ceux qui sont de mauvaise vie et
« mœurs, de même que ceux qui négligeront d'envoyer
« leurs enfants aux écoles, aux catéchismes et aux autres
« instructions.

« La sœur finira tous les jours, matin et soir, ses écoles
« par une prière pour la prospérité de tous les bienfai-
« teurs vivants et pour le repos des âmes de Messieurs
« Rigoley, de feu Madame la première présidente,
« Philiberte-Françoise de Siry Rigoley, de sieur Jean
« Edouard, de demoiselle Marguerite Ranfer son épouse,
« de Monsieur Joseph Musard, bienfaiteur des pauvres et
« de tous ceux qui ont été attachés à cet établissement
« pendant leur vie. ·

« Signé : d'Agrain, Rigoley d'Agrain, Lardet curé,
« Félix Edouard, Cl. Leflaive, P. Letort, J. Bulot, J. Carré,
« A. Meney, Patriarche, P. Couturier, C. Guillarme, F.
« Garnier, J. Carillon, Jean Patin, Pierre Latour, A.
« Patin, Cl. Cas, P. Robert, P. Dariot, F. Meney, Cl.
« Lartus, Jean-Baptiste Guidot, Cl. Thomas. Boudriot,
« J. Fouchard, Jean-Baptiste Edouard, Jean-Baptiste
« Joly, et Philibert Dariot.   (*Archives de la Paroisse*).

IX

A tous ces actes et délibérations il manquait la consé-
cration officielle. Les habitants la demandèrent en ces
termes : « Monseigneur l'intendant en la généralité de
« Bourgogne, Bresse et pays adjacents, supplient hum-
« blement les habitants de Puligny généralement assem-
« blés, à ce qu'il vous plaise, Monseigneur, approuver et
« homologuer la donation de Madame d'Agrain, l'accep-
« tation qu'ils en ont faite et le règlement de l'administra-
« tion des biens présents et à venir des pauvres de leur
« communauté, et ils ne cesseront, Monseigneur, de faire
« des vœux pour votre prospérité.

« Signé : P. Couturier, Patriarche, F. Jouard, J. Bulot,
« Jean-Baptiste Joly, Letort, P. Dariot, C. Guillarme, Cl.
« Gras, Jean Patin, F. Meney, Claude Martin, F. Patriar-
« che, C. Jouard, C. Leflaive, Philibert Pautet, Cl. Bon-
« nardeau, A. Deschaux, Cl. Cas, F. Garnier, F. Chapuis,
« Richard, Pierre Couturier, J.-B. Edouard, P. Dariot,
« Joseph Patriarche, Charles Guillarme, Pierre Robert,
« Pierre Bulot, Letort et Lardet, curé.

L'intendant renvoya les suppliants à se pourvoir au parlement pour obtenir l'homologation sollicitée; le 27 février
1787, la Cour de Dijon rendait l'arrêt qui suit : « Vu l'acte
« de donation, reçu Latour notaire royal, à la date du 26
« décembre 1786; Vu la délibération du 9 janvier 1787. Vu
« la requête tendant à l'homologation et enregistrement
« des actes sus-désignés. Vu les conclusions du procureur
« général du Roi et ouï le rapport de Messire Vivant
« Mathias Léonard-Raphaël Villedieu de Torcy, plus
« ancien conseiller,

« La Cour a homologué et homologue les actes et déli-
« bérations du 26 Décembre 1786 et 9 Janvier dernier;
« ordonne en conséquence qu'ils seront enregistrés au
« greffe de la Cour, pour être exécutés selon leur forme et
« teneur.

« Fait au Parlement, le 23 février 1787. *Signé :* Daubrire.

« *Collationné, signé :* Couturier.

En marge de la requête à M. l'intendant est écrit :
« Vu depuis la présente requête l'acte y énoncé, reçu
« Latour, notaire royal à Puligny, le 26 Décembre 1786,
« la délibération des habitants de la communauté de
« Puligny, du même jour, la délibération des curé, fabri-
« ciens et habitants du dit lieu, en date du 9 Janvier 1787
« et l'arrêt rendu au Parlement de Dijon, le 23 Février
« suivant, nous intendant en Bourgogne et Bresse, avons
« homologué et homologuons les dits actes et délibéra-
« tions. Fait le 26 Mars 1787, Signé : Ancelot. » (*Archives
de la Paroisse.*)

X

Toutes les formalités légales étant remplies, Madame la
Marquise d'Agrain s'empressa de se libérer envers les
habitants de Puligny. Comme M. Lardet lui avait compté
auparavant mille livres, dont il était chargé de faire le
placement au profit des pauvres de sa paroisse, elle fit cession au Bureau de Charité d'un contrat de rente de 300
livres, au principal de six mille livres sur la province de
Bourgogne.

« S'ensuit la teneur de la dite cession :

« Par devant le notaire royal de la résidence de Meur-
« sault, soussigné, ce jourd'hui six mai 1787, avant midi,

« furent présents Dame Anne-Marie-Françoise Rigoley,
« épouse de Messire Marc-Antoine de Pradin, chevalier,
« marquis d'Agrain, conseiller du Roy en tous ses conseils,
« premier président en la chambre des comptes de Bour-
« gogne et Bresse, demeurant à Dijon, à ce présent et au-
« torisant ma dite dame son épouse, laquelle pour se libé-
« rer envers les pauvres de la paroisse de Puligny de deux
« cent cinquante livres par an, au principal de 5,000 livres,
« conformément à la donation faite par ma dite dame et
« acceptée par la communauté du dit Puligny, a par ces
« présentes cédé et transporté à mon dit sieur le marquis
« d'Agrain en qualité de président du bureau des pauvres
« de la paroisse de Puligny, à M. Philibert Lardet, prêtre,
« curé du dit lieu, au sieur Félix Edouard, bourgeois, à
« M. Pierre Latour, notaire, au sieur Claude Leflaive,
« marchand, demeurant tous au dit Puligny, présents et
« acceptants, un contrat de rente de 300 livres au principal
« de 6,000 livres, dû par la province de Bourgogne, cédé
« à ma dite dame par Messire Jean-Claude-Bernard Che-
« valier, marquis de Saint Aubin, par acte reçu Mathieu
« puisné et Chouard son confrère, notaires à Dijon, le
« vingt-trois Juin 1784, par mes dits sieurs président et
« administrateurs toucher et recevoir les arrérages courants
« et ceux à échoir à l'avenir de la dite rente, à compter du
« 1er Janvier dernier, même le remboursement du dit prin-
« cipal, le cas échéant, pour jouir et disposer du tout en
« pleine propriété. Déclarant la dite dame d'Agrain, que la
« dite cession est ainsi faite du dit contrat, pour l'acquit-
« ter de celui de 5,000 livres dont elle s'est obligée de
« faire la remise par la donation sus relatée et moyennant
« la somme de 1,000 livres qui lui a été ci-devant comptée

« par M. Philibert Lardet, curé du dit Puligny, chargé
« d'en faire le placement au profit des pauvres de sa pa-
« roisse, qui par ce moyen en demeure valablement dé-
« chargé.

« Fait et passé au château du dit lieu ; présents : Pierre
« Robert et Jean-Baptiste Guidot, tous deux vignerons,
« demeurant au dit Puligny, témoins soussignés avec les
« parties et moi le dit notaire. Signé : d'Agrain, Lardet
« curé, Rigoley d'Agrain, Claude Leflaive, Félix Edouard,
« Latour, Pierre Robert, Jean-Baptiste Guidot, Latour
« notaire. »   *(Archives de la Paroisse.)*

Il semblera peut être que nous nous sommes étendu
trop longuement sur ces titres primitifs. Nous l'avons fait
à dessein comme pour une véritable charte de fondation.
Tous les détails que nous avons recueillis et transcrits ont
la plus haute importance. Ils marquent l'œuvre de sa note
caractéristique, car ils mettent en pleine lumière la pensée
toute chrétienne qui a inspiré ses auteurs et le double but
qu'ils se sont toujours proposé : 1° soulagement des pauvres malades; 2° Instruction et éducation religieuse de la
jeunesse. Ils font aussi revivre des traditions respectables,
des coutumes touchantes, où apparaît l'union cordiale qui
existait alors entre les habitants de Puligny.

Enfin, et c'est une chose capitale, ils fixent, sans laisser
place au moindre doute, ni à la moindre controverse, un
fait essentiel, qui pourrait s'appeler la première reconnaissance légale de l'Etablissement congréganiste de Puligny,
au double titre d'école chrétienne et de maison de charité.

CHAPITRE II

**Sœur Agathe. — Période révolutionnaire. — Anne Caril-
lon. — Sœur Rose. — Agrandissement de la Maison. —
Testament de sœur Rose. — Son départ et sa mort.**

1° Au commencement de 1787, l'école de Puligny s'ouvrit sous la direction de sœur Agathe Motton, de la Congrégation de Toul, nommée plus tard Congrégation de la
Doctrine Chrétienne de Nancy, parce qu'après la Révolution, la maison mère fut transférée dans cette dernière
ville.

C'était à la veille de jours bien sombres. Toutefois la
bonne sœur put exercer librement son ministère d'instruction et de charité. Elle le fit avec un zèle ardent et un succès merveilleux. Elle fut d'ailleurs aidée par Mademoiselle Marie Mathouillet que, par respect pour des droits
acquis et par reconnaissance des services rendus, le bureau de charité lui avait donnée pour adjointe. Il n'y a rien
là qui doive nous surprendre, car, sauf l'habit, Mademoiselle Mathouillet était aussi religieuse que sœur Agathe.
Vivant sous le même toit, toutes deux suivaient la même
règle et participaient aux mêmes exercices de piété.

La bonne tenue de la maison la fit vite connaître. Aussi,
dès 1788, on offrait des pensionnaires à sœur Agathe. Elle
demanda au bureau la permission de les admettre. Les
administrateurs accueillirent favorablement sa requête ; ils
fixèrent même le prix de la pension qui devait être de
12 francs par mois. Si, grâce à la sœur, l'école prospérait,

le bien des pauvres s'accroissait également. Voici les recettes pour l'année 1787.

« Fait recette le comptable : 1° de la somme de 240
« livres qui sont le produit de la quête faite par Mademoi-
« selle d'Agrain, l'aînée, le premier janvier 1787, cy 240 liv.

« 2° De la somme de 250 livres qu'il a reçue de Madame
« d'Agrain pour payer la pension de la sœur et les autres
« charges de l'établissement, cy . . . . 250 liv.

« De la somme de 48 livres que lui a remise Monsieur le
« Curé, qui en était chargé, le 14 mai 1787, cy. . . 48 liv.

« 4° De la somme de 6 livres qu'il a reçue du sieur
« Pierre Letort, le 6 Juin 1787, cy. . . . . 6 liv.

« De la somme de cent six livres 8 sols, trois deniers qui
« est le produit des quêtes faites dans l'Eglise pendant
« l'année 1787, cy. 106 8 3

Total de la recette 650 8 3
Dépense. 327 14 6

(1)   Excédent 322 13 9

Outre ces sommes, sœur Agathe, aidée des dames de
charité, en recueillait d'autres assez abondantes, comme on
le voit par son compte de gestion. Elles les remettait au
receveur ou elle les distribuait en nature soit par elle-
même, soit par l'intermédiaire des dames de charité.
Celles-ci avaient été établies dès le mois d'Avril 1787 et
voici l'acte de leur institution : « Ce jourd'hui 22 Avril
« 1787, nous soussignés, administrateurs du bureau, avons
« délibéré sur le choix des dames de charité, et, les avis
« pris, il a été arrêté que Madame la Marquise d'Agrain

(1) *Archives de la Paroisse.*

« serait très humblement suppliée de vouloir bien agréer
« la charge de supérieure des dites dames, qu'elle a bien
« voulu accepter, et de suite nous avons nommé et nom-
« mons pour être son assistante Dame Françoise Edouard,
« veuve du sieur Louis Latour, notaire royal à Puligny et
« pour conseillère de la dite assemblée, Anne Carillon,
« veuve du sieur Claude Latour, Demoiselle Marie Ma-
« thouillet, Jeanne Pagand, femme du sieur Jean-Baptiste
« Edouard et Marguerite Letort, femme du sieur Antoine
« Deschaux, qui ont aussi accepté et signé avec nous, le
« sieur Claude Leflaive absent. Signé : d'Agrain Rigoley,
« d'Agrain, Lardet curé, Latour, Félix Edouard, Françoise
« Edouard, veuve Latour, Anne Carillon, veuve Latour,
« Marguerite Letort Deschaux, Jeanne Pagand » (1).

En 1788, les recettes furent moins abondantes que l'année
précédente. Avec l'excédent de 322 l. 13 s. 9 d. elles ne
s'élevèrent qu'à la somme de 815 l. 13 s. 3; mais elles repri-
rent leur marche ascendante en 1789 et les voici en détail :

« Fait recette le comptable : 1° De la somme de 427 l.
« 15 s. 3 d. qui formait le reliquat de son dernier compte,
« cy 427, 15, 3

« 2° De la somme de 39 livres qu'il a reçue pour le prix du
« poinçon de vin de rente, dû par les héritiers Philibert
« Compain pour l'année 1788, cy 39

« 3° De la somme de 62 livres 4 sols 9 deniers, qui est le
« produit des quêtes faites dans l'Eglise pendant l'année
« 1789, cy 62, 4, 9

« 4° De la somme de 58 livres 13 sols qu'il a reçue de sœur
« Agathe, cy 58, 13

_____

(1) *Ibidem.*

« 5º De la somme de 300 livres qu'il a reçue de la pro-
« vince de Bourgogne pour les intérêts du contrat de
« 6000 livres, cy   300
   « 6º De la somme de 48 livres qu'il a reçue de la part
« des Chartreux de Beaune, en janvier 1789, cy . . .   48
   « 7º De la somme de 24 livres qu'il a reçue de la part de
« Madame la Marquise d'Agrain, le 21 janvier 1789, cy   24
   « 8º De la somme de de trois livres qu'il a reçue de
« Monsieur le vicaire, le même mois, cy.   3
   « 9º De la somme de trois livres qu'il a reçue d'une
« autre personne, cy.   3
   « 10º De la somme de 100 livres qu'il a reçue de
« Monsieur Félix Edouard, le 1ᵉʳ Juin 1789, ci.   100
   « 11º De la somme de 18 livres provenant des amendes
« remises par Madame la Marquise d'Agrain, cy . . .   18
   « 12º De la somme de 6 livres qui est le prix des ételles
« de deux pièces de bois vendues par Monsieur le marquis
« d'Agrain et employées à la charpente de la maison des
« pauvres, cy   6
   « 13º Enfin de la somme de 25 livres 9 sols qui est le pro-
« duit de la quête faite par les dames de charité pour la
« construction de la chambre des pauvres, cy. . . .   25, 9
           Total de la recette (1) . . . . 1115 l. 2 s.

II

La maison des pauvres dont il est ici question n'est
point la maison de charité mais simplement son annexe;
il est utile d'en dire quelques mots. En 1744, Jean Edouard
et Marguerite Ranfer son épouse avaient fait construire en

(1) *Archives de la fabrique.*

appentis contre le mur de leur jardin, rue des Trots, sur
un terrain à eux concédé par la commune, moyennant une
somme de 60 livres versée à la fabrique, trois petites
chambres destinées pour le logement et habitation des
pauvres veuves ou autres de la paroisse de Puligny. Afin
d'assurer l'entretien des dites chambres et même quelques
« secours aux pauvres, ils avaient donné une pièce de vigne,
« située au finage de Puligny, lieudit en Cas, autrement
« en haut des Champs, de la contenance d'environ 8 ou-
« vrées, laissant au seigneur et au curé le soin de la faire
« valoir, soit par amodiation, culture ou autrement (1). »

En 1789, les chambres des pauvres étaient en mauvais état
et demandaient d'urgentes réparations. Situées sur un ter
rain marécageux, elles étaient en outre très insalubres.
C'est alors que M. Mathias, avocat à Chalon, proposa d'en
faire construire à ses frais trois plus grandes sur un terrain
qui lui appartenait au Meix Pelletier et qu'il concédait au
bureau, à condition que celui-ci lui abandonnât la propriété
des anciennes chambres et du sol sur lequel elles étaient
construites. Le bureau se hâta d'accepter une proposition
aussi avantageuse et résolut même de prendre sur ses ressources disponibles une somme de 300 livres qui devait
servir à payer la construction d'une quatrième chambre.
Monsieur Lardet, de concert avec M. Mathias, s'occupa de
l'entreprise et dès le mois de novembre 1789, trois des
nouvelles chambres étaient occupées par de pauvres
veuves; la 4e devait être amodiée un certain temps, pour
permettre au bureau de rentrer dans ses frais.

Au 3 Janvier 1790, tout était payé et il restait encore un

(1) C'est sur cette pièce de vigne que les héritiers de Philibert Compain devaient un poinçon de vin. Cette rente n'existe plus.

excédent de 300 livres 16 sols. De si beaux commencements encourageaient les bonnes volontés et on allait voir se réaliser les espérances de Madame d'Agrain. Hélas! il ne devait pas en être ainsi : L'année suivante, les châtelains de Puligny émigrent et tous leurs biens sont confisqués. Le curé lui-même est obligé de s'enfuir pour échapper à la mort : il a refusé le serment à la constitution. La sœur reste quelque temps encore à son poste de dévouement. Les habitants la soutiennent, surtout les femmes qui ne veulent pas s'en séparer. Mais, au moment de la Terreur, elle est contrainte, comme tant d'autres religieuses, de déposer son costume et de chercher sa sécurité dans la fuite. En 1793, elle quitte Puligny pour se retirer à Chalon-sur-Saône, probablement chez M. Mathias ou chez les parents de M. Lardet. La retraite était sûre ; elle put y vivre tranquille, en attendant des jours meilleurs.

III

On voit qu'à Puligny, comme sur tous les points de la France, la Convention accomplissait son œuvre de destruction. Il ne lui fallut pas longtemps pour faire table rase de tout ce qui avait un caractère religieux. Ici, les établissements fondés par les ordres monastiques sont purement et simplement confisqués; ils ne seront jamais rendus.

Là, ils sont impitoyablement détruits et il n'en reste que des ruines.

Ailleurs, ils sont seulement abandonnés : Tel fut le cas de la maison de Puligny. On n'y fait plus d'école, mais le comité révolutionnaire y tient ses réunions en attendant qu'il s'assemble à l'église devenue le temple de la Raison.(1)

(1) Livre-journal de Latour-Carillon.

Que devint le contrat de 6,000 livres sur la Province de Bourgogne? L'histoire ne le dit pas; mais tout porte à croire qu'il fut remboursé en partie et qu'avec la somme reçue on acheta le pré de Demigny. En effet, le bureau possédait déjà ce pré au sortir de la Révolution et nulle part il n'est fait mention du donateur.

Pendant ces jours mauvais, l'instruction est entièrement négligée dans les campagnes. Des études consciencieuses et impartiales nous apprennent qu'il reste à peine quelques écoles paroissiales au commencement du Consulat; et tel est l'état de l'enseignement en France, en 1800, que Portalis, sans crainte d'être démenti, peut dire dans un discours du XV Fructidor an VIII : « L'instruction est nulle « depuis dix ans. Il faut reprendre la religion pour base de « l'éducation. Les enfants sont livrés à l'oisiveté, au vaga- « bondage. Ils sont sans idée de la divinité, sans notion du « juste et de l'injuste. De là des mœurs farouches et bar- « bares, de là un peuple féroce ».

Sans faire à Puligny l'application des doléances de Portalis, il n'est nullement téméraire d'affirmer que les bons habitants saluèrent avec joie la fin de la période révolutionnaire et qu'ils virent avec bonheur Sᵗᵉ Agathe revenir au milieu d'eux pour reprendre ses modestes et charitables fonctions. Comment elle s'en acquittait, quelle place elle avait conquise dans les cœurs, l'intérêt que nous voyons se porter sur sa personne et sur sa maison nous l'apprend suffisamment. Madame d'Agrain, en donnant 5,000 livres, avait exprimé le désir de voir s'accroître par les legs des âmes pieuses « une œuvre si digne d'intérêt et destinée à faire le plus grand bien .» De même les habitants de Puligny, réunis en assemblée générale, avaient invité les administrateurs, la sœur et les dames « à prendre la voie de persuasion auprès des personnes charitables pour amener à cette bonne œuvre toutes les aumônes qui se font en particulier. »

Ce vœu, formé sur le berceau de l'établissement, devait enfin se réaliser.

La Maison de Charité allait prospérer et grandir de jour en jour, grâce à la sage administration des uns, à la libéralité des autres et au dévouement de tous. Qui pourrait trouver mauvais qu'embrassant le siècle passé d'un seul élan de notre cœur, nous nous rendions ici à tous un public et solennel hommage. Nous le faisons de toute notre âme et nous souhaitons que les fils du XXᵉ siècle se montrent pour notre établissement aussi généreux que les enfants du XIXᵉ.

IV

Après celui d'Agrain Rigoley, le premier nom au tableau des bienfaiteurs est celui de dame Anne Carillon, veuve de Claude Latour. Héritière de Marie Latour, veuve Carillon, sa tante, et chargée par elle d'acquitter un legs pieux de 100 livres, elle tourne sa pensée vers l'Établissement de charité de sa paroisse, et tant pour satisfaire à cette obligation que pour remplir les intentions d'Antoine Carillon son aïeul et de Claude Latour, son époux, et être personnellement utile à la jeunesse et aux pauvres de Puligny, elle fait donation pure, parfaite et irrévocable au dit établissement par actes reçus Pierre Latour notaire, les 13 Mars et 25 Juin 1807, de :

« 1° Trente-quatre ares 28 centiares de vignes, lieudit « aux plantes des Champs ;

« 2° Quatre ares 28 centiares de vigne en la Tournelle ;

« 3° Environ douze ares 86 centiares de vigne au Meix
« Pelletier ;

« 4° Une pièce de vigne contenant huit ares 56 centiares,
« située en Combes, finage de Puligny ;

« 5° Une autre pièce de vigne au petit Poirier, même
« finage, contenant environ six ares 50 centiares. »

(Archives de la Paroisse).

Voulons-nous maintenant connaître la pensée inspiratrice de cette libéralité? Nous n'avons qu'à lire : « Cette do-
« nation est consentie pour servir d'accroissement à la
« fondation de l'Établissement de charité dont le but est
« de fournir des secours et remèdes aux pauvres malades
« et de faire le traitement d'une sœur chargée de ces se-
« cours et de l'instruction des jeunes filles de la commune à
« la charge par le bureau de faire dire chaque année, à per-
« pétuité, trois grandes messes et deux messes basses, et
« par la sœur d'ajouter aux noms des fondateurs de l'établis-
« sement celui d'Anne Carillon, veuve Latour, dans les priè-
« res que doivent faire les jeunes élèves à la fin de la classe. »

Il n'y a pas à se méprendre sur les intentions de cette
femme de bien, qui fut dès l'origine dame de charité.

Sa pensée est précisément celle qui a présidé à la fondation de l'établissement, elle en est comme une nouvelle
manifestation : sa volonté expresse est d'atténuer les mi-
sères matérielles et morales des pauvres et des malades,
et de procurer à la jeunesse une éducation chrétienne par
l'entremise de ces religieuses, dont elle a su apprécier le
dévouement et les aptitudes.

Et, tel est l'esprit de décision d'Anne Carillon qu'elle ne
s'accorde aucun délai pour exécuter son dessein. Elle

n'attend pas que la succession de Marie Carillon, sa cousine dont elle est l'héritière avec d'autres parents, soit liquidée. Elle fait d'abord ses dispositions testamentaires et déclare que, dans le cas ou ses cohéritiers viendraient à les contester, « MM. les administrateurs du bureau « pourront prélever sur le plus clair de sa succession une « somme de 2,800 livres à laquelle elle porte l'évaluation « des propriétés léguées. » (*Ibidem*).

Peut-on imaginer rien de plus précis et de plus formel que ces dispositions. Et, à envisager la situation de l'établissement, que pouvait-on faire de plus favorable à son accroissement? Une propriété renfermée au début dans les limites de quelques ares, une maison construite d'après les règles de la plus stricte économie, la dotation d'une seule religieuse avec un revenu de deux cents francs, fort diminué et peut être confisqué par la Révolution, environ pareille somme à distribuer aux pauvres, tout cela parut insuffisant à Anne Carillon. Elle voulut ouvrir la voie à l'extension naturelle de l'œuvre et aux importantes améliorations qui devaient s'accomplir dans la suite. Elle le fit dans la mesure de ses ressources; elle a droit à notre reconnaissance.

V

Après plus de vingt ans de labeur et de dévouement sans bornes à Puligny, sœur Agathe s'endormit doucement dans le Seigneur, le 16 Août 1814. Mademoiselle Mathouillet, cette sainte fille que les fondateurs de la maison lui avaient donnée pour adjointe, continua, quoique fort âgée, à faire la classe jusqu'à l'arrivée d'une nouvelle sœur (1). Celle-ci se fit attendre plusieurs années; mais elle vint avec une adjointe de sa congrégation et, à partir de 1819, l'Etablissement compte deux religieuses : sœur Rose Jacob, et sœur Eulalie. Celle-ci n'allait passer que neuf ans à Puligny et se retirer ensuite pour raison de santé à la maison mère de Nancy. Quant à sœur Rose, dont le souvenir est encore vivant dans la paroisse, elle devait consacrer toute sa fortune et plus de trente années de sa vie à l'agrandissement de la maison, à la prospérité de l'école, au soin des malades et au soulagement des pauvres.

Elle mérite donc une mention spéciale et nous serions ingrat de ne point l'accorder à cette admirable servante de Dieu, à cette insigne bienfaitrice de l'Etablissement de Puligny.

Si c'est une erreur, et la plus fâcheuse de toutes, de croire que l'on sert son pays, en ensevelissant dans l'oubli et même en calomniant ceux qui ont tout sacrifié pour lui faire du bien, de cette erreur odieuse nous ne voulons pas nous rendre coupable envers la cause que nous avons le droit de servir.

Sœur Rose a écrit de sa main et de ses œuvres la plus belle page de l'histoire de la Maison de Charité de Puligny. Loin de déchirer cette page, nous sommes heureux et fier de la faire passer devant tous les yeux. En cela, autant que quiconque, nous croyons être homme de justice et de progrès; car ceux-là seuls, à notre avis, le sont réellement, qui ont toujours, et surtout en pareille occurrence,

---

(1) Archives des sœurs. Selon la tradition orale, les petites filles seraient allées en classe vers l'instituteur et ensuite vers deux demoiselles pieuses qui furent fort peu de temps à Puligny.

le soin et le courage de prendre pour point de départ le respect de la vérité et le souvenir exact du passé.

Ce que fut sœur Rose, ce qu'elle fit pour la maison de charité qu'elle dirigea si longtemps, nous allons donc le dire.

Née en 1779 à Forcelles-sous-Gugney (Meurthe et Moselle), elle devint religieuse de la Doctrine Chrétienne vers 1804. Après avoir tenu quelques années un office secondaire à St Mihiel, elle fut appelée, en 1808, à la délicate fonction de maîtresse de classe en la même ville. Les termes de la lettre par laquelle Mgr l'Evêque de Nancy lui conférait cette mission importante, rendent un si parfait hommage aux éminentes qualités de la chère sœur, que nous ne résistons point au plaisir de les citer textuellement.

« A notre bonne sœur Rose Jacob,

« Sur les bons témoignages qui nous ont été rendus de « votre sagesse, de votre piété et de votre capacité, Nous, « Evêque de Nancy, vous avons approuvé et approuvons « par ces présentes, pour remplir et exercer dans la ville « de St Mihiel l'emploi de maîtresse d'école des filles. »

ANTOINE-EUSTACHE, évêque de Nancy.

En 1819, Sœur Rose reçut sa nomination pour Puligny, avec la double charge d'instruire les jeunes filles et de porter des secours aux malades de la classe indigente. Elle arriva à Puligny dans la force de l'âge et avec les avantages d'une expérience déjà longue. Douée d'une énergie indomptable et d'une santé de fer, elle jouissait en outre d'une fortune personnelle assez considérable ; aussi, comme elle avait une foi vive et un dévoûment sans bornes, elle fit un bien immense dans le pays. Beaucoup de ceux qui l'ont connue vivent encore et ils rendent témoignage que, pendant trente-cinq ans, elle donna aux habitants de la paroisse les plus beaux exemples de fidélité au devoir, de franche piété, d'abnégation et de désintéressement. On la voyait, à l'époque où il n'y avait pas de médecin dans les environs, soigner tous les malades de Puligny, aussi bien la nuit que le jour ; elle les préparait au grand passage avec une habileté peu commune, et, quand ils avaient rendu leur âme à Dieu, elle prenait soin d'ensevelir leur corps.

On raconte qu'il lui arrivait souvent de passer des journées entières presque sans prendre de nourriture, tant ses instants étaient absorbés. Mais si la bonne Sœur négligeait son corps, elle songeait toujours à son âme. Jamais, en effet, elle ne manquait à ses exercices de piété. Elle en pouvait quelquefois changer l'heure ; dans aucun cas, elle ne croyait avoir le droit de s'en dispenser. Chaque dimanche encore, entre le chapelet et les vêpres, elle réunissait les mères de famille pour les instruire sur leurs devoirs à l'égard de leurs enfants. Mais c'était surtout lorsqu'elle préparait ceux-ci à la première communion qu'elle déployait un zèle incroyable. Tout son cœur de chrétienne profondément convaincue, toute son âme ardente passaient dans le cœur et l'âme de ses élèves.

VI

Malgré tant d'occupations extérieures, la classe n'était point négligée ; Sœur Rose y maintenait une discipline sévère. Il fallait que tout le monde obéît et travaillât sans relâche ; aussi, bien rares étaient les élèves qui n'apprenaient point à lire, à écrire et à compter, comme on disait alors. Sans doute, elle ne faisait pas des savantes, mais, ce qui vaut mieux, elle savait inspirer l'amour de la vertu, du travail, de l'ordre et de l'économie. Aussi, son époque et celle qui la suivit furent-elles les temps les plus prospères de Puligny : les élèves de la bonne Sœur étaient devenues mères de famille et elles avaient apporté dans leur ménage les excellentes habitudes qu'elles avaient contractées auprès de leur digne maîtresse.

Alors que l'on ne parlait pas d'asile dans les campagnes, Sœur Rose en avait déjà conçu la pensée. Quel avantage, se disait-elle, si l'on gardait les petits enfants ! Les mères pourraient vaquer à leurs occupations intérieures, travailler au dehors pendant la belle saison et diminuer par leur gain la gêne du foyer ! Elle s'en ouvrit aux autorités qui applaudirent à ses desseins. De suite, elle envoie chez les Sœurs de Saint-Vincent-de-Paul, à Beaune, Sœur Gérasime, son adjointe depuis 1831, pour apprendre à diriger un asile et fait venir une troisième religieuse, Sœur Saint-Joseph, qui doit l'aider à tenir la grande classe. C'était vers 1840. Sœur Gérasime ne fut pas longtemps à la tête de l'asile. Dès 1841, une quatrième religieuse, Sœur Saint-Paul, venait remplir cette charge difficile entre toutes. Mais la maison devenait insuffisante ; Sœur Rose le comprit, et comme, avec trois aides toutes dévouées, elle était beaucoup plus libre de son temps, elle se mit généreusement à l'œuvre.

Jusqu'en 1840, l'établissement n'avait subi aucun changement notable. Sœur Rose s'était bien essayée, en 1820, à un aménagement plus rationnel de l'évier et d'une petite cave à gauche. Elle s'en était naturellement imposé les frais. Mais ce n'était qu'une légère transformation. En

1840, ce n'est plus seulement de transformation qu'il s'agit, mais de constructions.

L'ancien local ne répond plus aux nécessités de l'époque. Tout le monde s'accorde à reconnaître qu'il est manifestement trop étroit, et pour le nombre des élèves et pour les services multiples qui y sont réunis.

Chapelle, salle d'asile, classes, réfectoire, dortoir, pharmacie et ouvroir : il faut pourvoir à tout cela. Sœur Rose ne se dissimule pas la lourde tâche qu'elle s'impose ; elle sait d'avance les sacrifices personnels qu'il lui faudra faire, et pourtant elle n'hésite pas un instant à prendre l'initiative de travaux aussi considérables.

Il est vrai qu'elle sait intéresser à son œuvre et l'administration et les habitants de Puligny. Les plus riches propriétaires, comme M. Mathias, M. Édouard, etc., l'admirent et lui sont tout dévoués.

Grâce à une subvention de 600 francs du gouvernement qu'obtient M. Mathias, maire, et au produit d'une souscription organisée dans la paroisse, Sœur Rose fait d'abord construire, en 1840, le réfectoire avec dortoir à l'étage. En 1842, elle reprend son projet pour l'achever ; mais elle l'achève avec ses propres ressources. C'est donc à sa générosité personnelle que le Bureau de bienfaisance doit la construction de l'ouvroir, de la pharmacie, de la chapelle et de la salle qui porte aujourd'hui le nom de grande classe.

Nous ne nous sommes point appliqué à une évaluation exacte des dépenses que Sœur Rose s'est imposées pour toutes ces constructions ; elles furent assurément considérables. Ne suffit-il pas, d'ailleurs, de les signaler pour que les moins indulgents reconnaissent que la bonne Sœur fit plus qu'il ne fallait pour concilier à jamais l'affection de Puligny à sa communauté et qu'elle aurait pu arrêter là ses bienfaits.

Cependant la digne religieuse n'en juge pas ainsi : elle estime avec raison que l'œuvre à laquelle elle a consacré son intelligence, son cœur et une partie de sa fortune est une œuvre capitale ; qu'on ne saurait en concevoir de plus importante que l'éducation chrétienne de la jeunesse, le service des malades et l'exemple de la vertu. Dès lors, elle veut faire plus encore : elle veut couronner cette œuvre en épuisant ses ressources et sa charité pour les jeunes filles et les pauvres malades de Puligny.

A la date du 28 juillet 1842, à l'époque où commençaient les travaux dont nous avons parlé, elle prend soin de fixer, en dispositions testamentaires, ses dernières volontés :

« Au nom du Père, du Fils et du Saint-Esprit. Ainsi soit-il.

« Moi, Sœur Rose Jacob, de la Doctrine Chrétienne, fais mes dernières dispositions ainsi :

« Je lègue au Bureau de bienfaisance de Puligny, commune où je demeure, dix mille francs à prendre sur le plus net de tous les biens meubles ou immeubles qui composeront ma succession, à condition :

« 1° Que cette somme sera employée en l'achat de rentes sur l'État cinq pour cent;

« 2° Que la salle d'asile et l'école de Puligny seront toujours dirigées par quatre Sœurs au moins de l'Ordre dont je suis membre;

« 3° Que chaque année les intérêts seront versés entre les mains de la Sœur supérieure pour être, par elle, employés aux besoins personnels des Sœurs et au soulagement des pauvres malades, sans qu'elle puisse être obligée de rendre compte par écrit, mais seulement verbal. (1)

« Dans le cas où, par le fait du Bureau de bienfaisance de Puligny, une seule des conditions ci-dessus ne serait pas exécutée, ce legs cessera de produire son effet à l'égard du dit Bureau, et la propriété des capitaux donnés et par lui touchés sera transférée, à compter du jour de l'inexécution, pour un tiers au Bureau de bienfaisance de la commune de Gugney-sous-Vaudemont, canton de Vézelise, département de la Meurthe ; pour le second tiers au Bureau de bienfaisance de They, même canton, et pour le dernier tiers au Bureau de bienfaisance de la commune de Lucey, canton de Toul, même département, pour être les revenus employés au soulagement des pauvres des dites communes auxquels j'en fais don, instituant les dits Bureaux mes légataires dans le cas ci-dessus prévu.

« Je lègue tout le surplus des biens que je laisserai à Sœur Gérasime Saunier, demeurant avec moi au dit Puligny, l'instituant mon héritière universelle.

« Puligny, le vingt-huit juillet mil huit cent quarante-deux.

« Sœur ROSE JACOB.

« Les frais auxquels donnera lieu ce legs seront supportés par moitié entre la commune de Puligny et les Sœurs dirigeant la salle d'asile et l'école des filles de la même commune.

« Sœur ROSE JACOB. »

Quand on réfléchit que Sœur Rose était étrangère au pays, une telle générosité paraît admirable. La digne

_____

(1) Sœur Rose a consenti plus tard à ce que la Supérieure rendit compte par écrit de l'emploi des 500 francs.

Lorraine a fait de Puligny sa famille et sa patrie ; elle lui avait déjà donné son cœur, toutes ses forces, tout son temps ; elle termine en lui laissant ce qu'elle possède. Honneur et reconnaissance à cette grande âme, qui a si bien compris cette parole du Maître : « Faites du bien », *Benefacite.*

VII

En 1850, tous les travaux étaient achevés et payés. Sœur Rose avait 71 ans ; ses forces diminuaient, mais son dévoûment restait le même. Ne faisant plus la classe, elle était sans cesse au chevet de ses chers malades ; elle les quittait cependant pour entendre la sainte Messe, et plus d'une fois on l'entendit, lorsqu'elle entrait à l'église, se dire à elle-même : « *Celui-là, il faut que je le sauve, il faut que je le sauve.* » Pourtant, l'heure était venue de penser à soi, de se préparer au grand passage dont elle avait tant parlé aux autres ; Sœur Rose le répétait à ses compagnes et aux bons habitants de Puligny ; mais personne ne croyait qu'elle se résignerait à quitter une maison qu'elle avait faite et un pays qu'elle avait comblé de ses bienfaits. Aussi quelle ne fut pas la surprise des bonnes Sœurs quand, un soir de Carême de 1854, en rentrant de la prière, elles ne trouvèrent plus leur vénérée Supérieure. Elles la cherchaient déjà dans les maisons du village, lorsqu'un domestique de M. Titard, de Meursault, vint les prévenir que Sœur Rose était chez son maître, qu'elle y passerait la nuit et que le lendemain elle partirait pour Nancy.

Une députation lui fut envoyée pour la prier de revenir. Larmes, supplications, tout fut inutile. Sa décision était prise ; elle ne la changea point : le lendemain, elle partait

pour aller finir ses jours sous la protection de saint Joseph
dans la maison de retraite de Nancy. Elle y fut encore ce
qu'elle avait été à Puligny : jusqu'à la fin de son existence, elle conserva son esprit de sacrifice et de dévoûment,
son amour ardent de la prière.

Malgré son âge et ses infirmités, avec la permission de
sa Supérieure, elle devançait l'heure du lever pour remplir
les pieux exercices qu'elle s'était imposés. Le chemin de
la croix avait surtout ses préférences. Elle le faisait souvent et avec une piété qui édifiait profondément ses compagnes. Nul doute qu'alors elle ne déposât sans cesse aux
pieds du Sauveur ses larmes, ses prières et ses vœux pour
la prospérité de cette maison de Puligny qui avait été si
longtemps la sienne et qu'elle avait tant aimée. Puligny
également n'oubliait pas la bonne Sœur, et M. Lesourd,
alors curé de la paroisse, ne fais : : : : traduire les sentiments de tous lorsqu'il écrivait, en 1858, à la Supérieure
de la Doctrine Chrétienne : « L'établissement de Puligny
« doit beaucoup à Sœur Rose Jacob... La maison, sans
« être belle, est très commode. Sa pharmacie, sa chapelle
« en font un objet d'envie pour plus d'une paroisse du
« voisinage. Je lui porte un vif intérêt depuis que je suis
« à Puligny, c'est-à-dire depuis plus de vingt ans. Je
« voudrais chaque jour en témoigner un plus grand à
« toutes les Sœurs qui, chaque jour, s'en montrent plus
« dignes. »

Aussi, quand au mois d'octobre 1860 (13 octobre) parvint
à Puligny la nouvelle de la mort de la bonne Sœur, ce fut
une explosion de regrets.

Le dimanche suivant, M. Lesourd rappelait à ses paroissiens tout le bien que Sœur Rose avait fait à la jeunesse,

tous les services qu'elle avait rendus aux familles et par
ses conseils et par son assistance; puis il annonçait, comme
expression de la reconnaissance unanime, un service solennel pour le repos de l'âme de la défunte. Cette céré-
monie eut lieu avec le concours de toute la population. Les
jeunes prêtres, enfants du pays, étaient venus se joindre à
leurs compatriotes et, le matin du même jour, tous avaient
offert, à la chapelle des religieuses, le saint sacrifice de
la messe pour celle qu'on peut appeler à juste titre la
seconde fondatrice de l'Etablissement de Puligny. (1)

CHAPITRE III

**Sœur Gérasime. — Établissement des Dames de Charité.
— Fondation de M. Mathias et de Mme veuve André.
— Donation de M. Gilbert Latour. — Reconnaissance
légale de l'établissement. — Nouvelle donation de
M. Gilbert Latour. — Dernières années de Sœur Géra-
sime; sa mort. — Liste des derniers bienfaiteurs.**

I

Sœur Rose eut pour compagnes : de 1819 à 1828, Sœur
Eulalie; de 1828 à 1831, Sœur Placidie; et, à dater de 1831,
Sœur Gérasime, qui lui succéda et fut Supérieure en 1854.

En 1840, Sœur Gérasime et Sœur Saint-Joseph.

En 1842, Sœur Gérasime, Sœur Saint-Joseph et Sœur
Saint-Paul.

Nous donnons cette rapide énumération, qui se rapporte
seulement à une trentaine d'années, moins pour faire une

(1) MM. Joly, Jouard et Barberet.

part à des études biographiques, incidemment comprises
dans notre cadre, que pour bien mettre en relief comment,
en un temps relativement fort court, cette femme admirable qu'était Sœur Rose sut organiser sa communauté,
porter le nombre des religieuses de deux à quatre et
amener l'Etablissement à un point de prospérité et de
développement qui répondît aux aspirations et aux exigences d'une commune de 1.200 habitants.

Mais si considérable que fut l'œuvre accomplie, c'est la
destinée des choses humaines, il restait encore place à de
nombreuses améliorations ; il y avait encore à augmenter
les ressources assez restreintes des religieuses et des pauvres. C'est ce que vont faire des âmes généreuses sous
l'impulsion de la nouvelle Supérieure, la vénérable Sœur
Gérasime.

Née à Lucey (Meurthe-et-Moselle), le 19 juin 1804, Sœur
Gérasime Saunier prit l'habit religieux en 1831 et fut
aussitôt envoyée à Puligny. Elle a donc été la compagne
de Sœur Rose pendant vingt-trois ans. Elle puisa dans
les beaux exemples de piété et de dévoûment de celle-ci,
l'esprit de prière et de charité qui l'anima pendant toute sa
vie. « La Supérieure, dont le caractère était un peu rude,
« écrit une religieuse, lui lançait de temps à autre des pa-
« roles de vivacité ; Sœur Gérasime les recevait avec tant de
« respect, d'humilité et de modestie que je me disais à
« moi-même : Si Sœur Gérasime n'était pas une sainte,
« elle ne pourrait agir ainsi (1). »

Une autre religieuse lui rend encore ce magnifique
témoignage : « Son grand secret pour s'attacher les élèves

_____

(1) Sœur Boudriot.

« était de parler à leurs cœurs. Elle se faisait toute à
« toutes, prenait le langage de l'enfance avec les petites
« et proportionnait admirablement ses leçons, ses conseils
« et ses encouragements à l'intelligence et à la bonne
« volonté des plus grandes. C'était un cœur d'or ; aussi,
« son unique préoccupation était de se rendre utile à la
« paroisse. On ne peut énumérer les services qu'elle a
« rendus à Puligny. Que de conseils, que de consolations
« elle a eus l'occasion de prodiguer ! Elle assistait les ma-
« lades avec une sollicitude vraiment maternelle jusqu'à
« leurs derniers moments ; comme Sœur Rose, elle se
« faisait un devoir de les ensevelir (1). »

La douceur et la bonté attirent ; il n'est donc pas éton-
nant de voir, dès 1855, les dames de Puligny se grouper
autour de Sœur Gérasime et renouveler l'association de
1787, abolie depuis la Révolution. Ce qu'elles veulent, c'est
venir en aide à la bonne Sœur et lui procurer de plus
abondantes ressources pour ses pauvres et ses malades.
Elles le firent dans une large mesure, comme leurs regis-
tres en font foi : elles savaient d'ailleurs qu'elles ne pouvaient déposer leurs aumônes en des mains plus sûres et
que, par la digne religieuse, ces aumônes iraient toujours
là où le besoin était le plus pressant.

Inutile de nous étendre sur cette œuvre, due à l'initiative
de Sœur Gérasime : elle pourra un jour avoir sa propre
histoire. Qu'il nous suffise de rapporter l'acte par lequel
Mgr Rivet lui donna sa haute approbation :

« François-Victor Rivet, par la miséricorde divine et
« par la grâce du Saint-Siège apostolique, évêque de
« Dijon, comte romain et assistant au trône pontifical.

(1) Lettre de Nancy.

« Vu le règlement préparé par M. l'abbé Lesourd, curé
« de Puligny, doyenné de Nolay, en notre diocèse, pour
« les associées de l'Œuvre de la Compassion établie dans
« cette paroisse dans le but de confectionner des habille-
« ments à l'usage des pauvres. Nous l'avons approuvé et
« approuvons de grand cœur, et demandons à Dieu qu'il
« donne à tous les membres de cette pieuse et charitable
« association le courage et la bonne volonté pour l'accom-
« plir, en temps et lieu, avec fidélité et persévérance.

« Quand on voit un si grand nombre d'hommes égarés
« s'unir avec tant d'activité pour la propagation du mal et
« la désorganisation de la société, c'est une bien sainte
« et salutaire pensée de s'unir pour le bien, pour le bon
« exemple, la pratique des devoirs religieux et moraux
« et le bien de nos frères.

« Que l'esprit de foi, qu'une ardente charité vous inspi-
« rent et guident toujours, pieuses associées de l'Œuvre
« de la Compassion. Si Dieu et le salut de vos âmes ve-
« naient à cesser d'être le but final des œuvres et des
« sacrifices que vous avez l'intention de vous imposer,
« c'est en vain que vous auriez cette belle, cette touchante
« confraternité, elle ne se conserverait pas longtemps sans
« atteinte, elle finirait bientôt par s'affaiblir, se désorga-
« niser et se dissoudre.

« Unissez-vous donc les unes aux autres par les liens
« sacrés de cette charité vraiment chrétienne et catholique
« que N. S. J.-C. a enseignée et tant de fois recommandée.
« Édifiez-vous mutuellement et devenez l'édification de la
« paroisse tout entière.

« Que dans l'accomplissement de tous les points de
« votre sage règlement, votre devise, votre mot d'ordre

« et de ralliement soit constamment celui-ci : A la plus
« grande gloire de Dieu et pour le plus grand bien et sou-
« lagement de nos frères pauvres et malheureux.

« Donné à Dijon sous notre seing, notre sceau et le
« contre-seing du chanoine secrétaire général de notre
« évêché, le quatre septembre mil huit cent cinquante-six.

« FRANÇOIS, *Évêque de Dijon.*

« Par mandement :

« BERNARD, *c. s.* »

II

Vers le même temps eut lieu une fondation qui prouve
la sollicitude de son auteur pour les pauvres malades.
Nous avons vu M. Mathias, en 1842, obtenir à Sœur Rose
600 francs du gouvernement pour ses constructions. Nul
doute qu'il ne lui soit aussi venu généreusement en aide
de ses propres deniers. En 1847, il avait accepté d'être le
parrain de la cloche de la communauté, Mᵐᵉ Édouard, née
Marie-Hortense Michaud, ayant bien voulu être marraine.
On se rappelle encore à Puligny cette fête touchante,
qu'avait précédée la bénédiction de la chapelle et où les
enfants eurent leur large part de friandises. M. Mathias
continua ses générosités à Sœur Gérasime, qu'il avait en
vénération.

La bonne Religieuse lui avait sans doute dit combien
était coûteuse cette pharmacie que les paroisses voisines
enviaient à Puligny et combien, d'autre part, il lui était
pénible de faire payer les remèdes à des malades qui manquaient souvent du nécessaire. M. Mathias se souvint : il
voulut assurer, par des dispositions testamentaires, un
service qu'il avait soutenu pendant sa vie et qui n'était pas,

à cette époque, des moins importants. Donc, par son testament olographe du 22 septembre 1853 et du 1ᵉʳ octobre
1854, il lègue au Bureau de bienfaisance de Puligny une
rente annuelle et perpétuelle de 200 francs pour secours
et médicaments aux pauvres malades ; « ces secours et
« médicaments, ajoute-t-il, leur seront fournis gratuite-
« ment sur une liste faite par le Bureau de charité ou sur
« des bons délivrés par lui. »

Désormais les habitants de Puligny ne peuvent plus se
plaindre, comme leurs ancêtres de 1787, que, lorsqu'ils sont
affligés de maladies, ils manquent des remèdes, secours et
soulagements dont ils ont besoin dans cet état. Mais, qu'ils
ne l'oublient pas, cet avantage ils le doivent à l'ancien conseiller à la Cour de Paris, à M. Mathias, qui fut leur maire
un certain temps et dont le nom doit toujours vivre dans
leur mémoire. Bien avant que l'État n'eût rendu obliga-
toire pour les communes l'assistance médicale des pauvres, un homme de bien et de progrès y avait pensé, et le
Bureau ne fait qu'exécuter les dernières volontés de M.
Mathias, quand, au lieu et place de la commune, il se charge de rétribuer les médecins qui portent secours aux pauvres dans leurs maladies.

Par le même testament, M. Mathias laisse 200 francs de
rente aux curés de Puligny, et il fait suivre son legs de ces
touchantes considérations : « Je désire que ce léger sup-
« plément au modique traitement des desservants retienne
« le plus longtemps possible les curés de Puligny dans
« leur paroisse. Il n'est pas à mes yeux d'homme plus utile
« et plus respectable qu'un bon curé de campagne, qui
« passe sa vie au milieu des familles qu'il a vues naître,
« qui les assiste dans leurs besoins, les aide de ses con-

» seils, les moralise et les édifie par ses exemples. » Que les curés de Puligny n'oublient pas également l'homme admirable qui leur a fourni les moyens de faire un peu de bien dans une paroisse où le prêtre a de si lourdes charges.

L'année suivante, le Bureau recevait encore un don de Mⁿᵉ veuve André-Villard. Le chauffage était alors très coûteux à Puligny, parce que les forêts étaient éloignées et que l'on n'avait pas encore l'habitude de se servir du charbon de terre; aussi les veuves, logées dans la maison des pauvres, souffraient beaucoup du froid. Quelques sarments, recueillis dans les vignes, quelques épines, coupées le long des chemins, voilà tout ce qu'elles avaient comme combustible par les temps les plus rigoureux. C'était trop peu pour des personnes âgées et infirmes. Mⁿᵉ André le comprit, et, par son testament du 10 août 1856, elle légua au Bureau de bienfaisance une somme de 1.000 francs, dont les arrérages devaient être employés au chauffage des femmes veuves de la maison des pauvres. Habitants actuels de la maison, lorsque, par les temps rigoureux, vous êtes assis en face d'un bon feu, songez qu'à la même place vos devanciers étaient souvent transis de froid et donnez un souvenir de reconnaissance à la digne personne qui a su améliorer votre sort.

III

Si, sous l'impulsion de Sœur Gérasime, certaines personnes s'efforçaient d'augmenter le patrimoine des indigents et consacraient leurs loisirs à leur confectionner des vêtements, d'autres avaient souci d'assurer l'avenir des Religieuses en leur procurant de nouvelles ressources.

4

Parmi elles figurent au premier rang M. Gilbert Latour, Mᵐᵉ Marie-Françoise Latour, son épouse, demeurant à Chagny, et Mˡˡᵉ Pierrette Latour, domiciliée à Corcelles-les-Arts, que leur origine et leurs sympathies rattachaient à la paroisse de Puligny.

Non, certes, qu'ils n'aient étendu leurs bienfaits en d'autres lieux. Partout, au contraire, où la Providence leur avait départi la fortune, ils se sont fait un devoir et un honneur d'en user pour la gloire de Dieu, au plus grand avantage des pauvres. Chagny, Corcelles-les-Arts et Corpeau l'attestent non moins que Puligny.

Riches, ils vivaient dans la plus grande simplicité; aussi pouvaient-ils consacrer des sommes considérables, ici, à élever d'impérissables monuments de leur foi; là, à ouvrir aux malades, par de pieuses fondations, les portes des maisons hospitalières; enfin, partout, à répandre sur les pauvres d'abondantes aumônes; en sorte qu'après cinquante ans, la bonté de la famille Latour est restée proverbiale et son nom demeure en bénédiction. Dès lors, il n'est pas surprenant que l'intérêt d'âmes ainsi éprises de dévoûment et de charité se soit porté sur l'Établissement de Puligny.

Donc, le 24 mars 1857, « M. Gilbert-Jean-Marie Latour,
« propriétaire et ancien juge de paix, demeurant à Chagny,
« Mᵐᵉ Marie-Françoise Latour, sa femme, et Mˡˡᵉ Pierrette
« Latour, propriétaire, demeurant à Corcelles-les-Arts,
« faisaient donation entre vifs, parfaite et irrévocable, au
« Bureau de bienfaisance de la commune de Puligny des
« immeubles ci-après désignés, sis sur le territoire du dit
« Puligny, savoir :

« 1° D'un jardin, lieu dit au Meix-Pelletier, section B,

« climat 10, n° 28 du plan cadastral, de la contenance de
« deux ares soixante-dix centiares, joignant du long de
« couchant le dit Bureau de bienfaisance, de levant le
« sieur Revenu (1).

« 2° De deux parcelles de vigne ne faisant qu'une pièce,
« section B, climat 10, n°ˢ 29 et 24, ensemble d'une conte-
« nance de vingt-sept ares, joignant du long de couchant
« le dit Bureau de bienfaisance, de levant le dit sieur
« Revenu et le sieur Garnier-Moyne.

« Pour le dit Bureau de bienfaisance être propriétaire
« des dits immeubles, aussitôt après l'acceptation de la
« présente donation et la jouissance devant en appartenir
« aux Sœurs dirigeant l'Établissement.

« Les Sœurs entreront de suite en jouissance du jardin;
« quant aux vignes, les donateurs s'en réservent la jouis-
« sance leur vie durant.

« Après cette époque, les vignes ne seront pas affer-
« mées; elles seront laissées par le Bureau de bienfaisance
« en la possesion des Sœurs de l'Établissement, qui les
« administreront et en percevront les fruits.

« Cette jouissance aura lieu sous la charge par elles de
« faire état au dit Bureau des contributions affectées sur
« les dites vignes, et de recevoir gratuitement à l'école,
« chaque année, trois petites filles.

« Dont acte.

« Fait et passé à Beaune, en l'étude de Mᵉ Bouzerand,
« en présence de Mᵉ Victor Lagarde, avoué, demeurant à
« Beaune, et Joseph Regnier, tonnelier, demeurant au dit
« Beaune, témoins requis, réunissant les conditions légales.

(1) C'est sur ce terrain que la commune a construit l'asile, vers 1875.

« La minute est signée : Françoise LATOUR, Pierrette
« LATOUR, LATOUR, REGNIER, LAGARDE et BOUZERAND. »

IV

A cette donation se rattache un acte de la plus haute
importance : c'est le décret ministériel autorisant la Congrégation des Sœurs de la Doctrine Chrétienne de Nancy
à fonder un établissement de son ordre dans la commune
de Puligny.

Auparavant, la Communauté de Puligny n'avait qu'une
existence de fait; désormais, elle aura une existence légale;
elle sera reconnue et autorisée par le gouvernement et dans
des conditions telles que les exige la législation de 1901.

Voici le texte même du décret, qui n'est plus aux archives communales, mais que la Maison de Nancy a eu soin
de conserver :

« Napoléon, par la grâce de Dieu et la volonté nationale,
empereur des Français,

« A tous, présents et à venir, salut.

« Sur le rapport de notre Ministre, Secrétaire d'État au
département de l'Instruction publique et des Cultes; la
section de l'Intérieur, de l'Instruction publique et des
Cultes de notre Conseil d'État entendue,

« Avons décrété et décrétons ce qui suit :

« ARTICLE PREMIER.

« La Congrégation des Sœurs de la Doctrine Chrétienne
existant à Nancy (Meurthe), en vertu d'un décret du 3 août
1808 et d'une ordonnance royale du 23 juin 1824, est autorisée à fonder, dans la commune de Puligny (Côte-d'Or),
un établissement de Sœurs de son ordre, à la charge, par
les membres de cet établissement, de se conformer exacte-

ment aux statuts approuvés pour la Maison-Mère par les décrets et ordonnance précités.

« ARTICLE DEUXIÈME.

« Le Bureau de bienfaisance et le Maire de Puligny (Côte-d'Or) et la Supérieure Générale de la Congrégation des Sœurs de la Doctrine Chrétienne, à Nancy (Meurthe), sont autorisés à accepter, chacun en ce qui le concerne, et aux charges, clauses et conditions imposées, la donation faite au Bureau de bienfaisance de Puligny par les sieur et dame Latour et la demoiselle Pierrette Latour, suivant acte notarié du 24 mars 1857, et consistant en un jardin et deux pièces de vigne, situés sur le territoire de la commune de Puligny, contenant en totalité 29 ares 70 centiares et estimés ensemble 2.700 francs, sous la condition de laisser la jouissance de ces immeubles aux Sœurs de la Doctrine Chrétienne attachées au Bureau de bienfaisance de Puligny, qui n'entreront toutefois en possession des deux vignes qu'à partir du décès des donateurs et seront tenues de recevoir gratuitement chaque année, dans leur école, trois petites filles de cette commune.

« ARTICLE TROISIÈME.

« Notre Ministre Secrétaire d'État au département de l'Instruction publique et des Cultes et notre Ministre Secrétaire d'État au département de l'Intérieur sont chargés, chacun en ce qui le concerne, de l'exécution du présent décret, qui sera inséré au Bulletin des Lois.

« Fait au Palais des Tuileries, le 17 décembre 1859.

« Signé : NAPOLÉON.

« Le Ministre, Secrétaire d'État
au département de l'Instruction publique
et des Cultes,

« *Signé :* ROULAND.

« Enregistré le 19 décembre 1859, nº 2495. » (*Archives
de Nancy.*)

En réfléchissant à la teneur de ce décret, on admire
la sagesse et la prudence de ceux qui l'ont sollicité et
obtenu. Combien de maisons religieuses désireraient en
posséder un semblable à l'heure actuelle! Leurs malheureux membres éviteraient au moins l'expulsion et l'exil.
Grâces soient donc rendues à l'excellente famille Latour
et à la bonne Sœur Gérasime, qui avait su se concilier
l'affection de ces nobles cœurs. Puligny leur doit l'avantage d'avoir un établissement congréganiste autorisé.

V

Sœur Gérasime aimait beaucoup les enfants, surtout les
plus petits. Nous avons raconté qu'elle savait admirablement parler à leur intelligence et à leur cœur. C'est dire
que, sous sa direction, les classes et l'asile furent parfaitement tenus. Rien n'était négligé pour que les élèves fissent
des progrès dans la science et dans la vertu ; aussi, en 1857,
M. l'Inspecteur primaire fait l'éloge public de l'école
maternelle de Puligny, et, en 1859, M. le Préfet de
la Côte-d'Or décerne une gratification de 150 francs aux
Religieuses pour les récompenser du zèle qu'elles dé-
ploient dans l'accomplissement de leurs devoirs d'institu-
trices. Ces religieuses étaient alors, outre Sœur Gérasime :
Sœur Cécile, Sœur Julia et Sœur Placidie.

Peu de temps après ces témoignages de haute satisfaction donnés par l'Académie et le Gouvernement, la Communauté reçut une nouvelle marque de sympathie de la part de Mme Pierre Leflaive, née Anne Deschaux. Cette pieuse personne habitait près de la maison des Religieuses. Chaque jour, elle était témoin de leur bonté et de leur dévoûment à l'égard des enfants. Elle en était touchée jusqu'au fond de l'âme; aussi, comme elle jouissait d'une certaine aisance et n'avait pas d'héritiers directs, elle laissa, par testament, 1.000 francs au Bureau de bienfaisance, à la charge par celui-ci d'en servir les revenus aux Sœurs.

Elle met comme condition à son legs que les Religieuses feraient apprendre les prières quotidiennes aux enfants de l'asile, condition touchante et qui montre combien autrefois on était persuadé que les enfants doivent savoir bénir Dieu dès qu'ils commencent à parler. Aujourd'hui, hélas! les enfants savent blasphémer avant de savoir prier; mais ils savent aussi répondre et manquer de respect à leurs parents, beaucoup plus qu'autrefois. Quoi qu'on en dise, Dieu et la religion doivent être la base de l'éducation, et une enfance sans crainte de Dieu est vouée à tous les vices.

Anne Deschaux mourut subitement le 3 novembre 1861, tandis qu'elle se rendait à la messe. C'est, par conséquent, en 1862 que les Religieuses entrèrent en jouissance de sa rente, que le Bureau leur a fidèlement servie jusqu'à nos jours.

VI

Il arrive souvent dans les campagnes que des pauvres malades ont besoin qu'une personne les garde la nuit et le jour. S'ils ont des parents, ceux-ci sont cloués à leur

chevet, ne peuvent rien gagner, et c'est bientôt la misère
noire à leur foyer. S'ils sont seuls, la détresse est encore
plus grande ; c'est navrant d'être dans l'attente du premier
venu pour vous retourner sur votre couche de douleur,
vous présenter la potion calmante, vous dire quelques
paroles de consolation et vous prodiguer ces mille petits
soins qui adoucissent tant les souffrances. C'est plus navrant encore lorsque personne ne vient. Quel supplice que
ces longues heures d'isolement ! Sœur Gérasime le com-
prenait ; aussi elle se multipliait, pour ainsi dire, afin
d'être le plus de temps possible auprès de ses chers malades ; mais, malgré son dévoûment, elle ne pouvait suffire
à tout. Combien elle eût désiré avoir dans sa maison une
salle spécialement consacrée à recevoir les malades pauvres
ou abandonnés. Là, au moins, elle aurait été constamment
auprès d'eux et ils n'auraient manqué de rien. Mais c'était
une dépense au-dessus de ses moyens. Que faire donc ?
Elle expose son embarras et sa peine à la digne famille
Latour et de suite elle est comprise. M. Gilbert Latour et
son épouse, ainsi que M⁰ˡᵉ Pierrette Latour font de nouveaux sacrifices. Par un acte notarié, en date du 24 octobre
1863, à l'époque où ils renouvelaient en l'église de Puligny
la fondation des Quarante-Quatre Heures, ils donnent au
Bureau de Bienfaisance une rente annuelle et perpétuelle
de 160 francs, à condition que les trois quarts de cette
rente seront employés à payer les frais d'admission des
malades indigents à l'hospice de Beaune et que le dernier
quart servira à fournir des médicaments aux pauvres.

La pensée qui a déterminé cette fondation ne doit
échapper à personne. La famille Latour ne donne point la
rente à l'Hôtel-Dieu de Beaune, mais au Bureau de Bien-

faisance de Puligny. Pourquoi ? Parce qu'elle espère que
d'autres personnes charitables feront, dans la suite, des
fondations semblables et que le Bureau pourra ainsi construire et aménager une salle destinée à recevoir les malades sans ressources, ceux-ci préférant de beaucoup être
soignés et mourir dans le lieu de leur origine. Sœur
Gérasime ne vit point la réalisation de son désir et, jusqu'à
ce jour, la famille Latour n'a point eu d'imitateurs. Les
demoiselles Latour, Mathouillet, dont l'une était religieuse
à l'Hospice de Beaune et l'autre édifiait Puligny par ses
vertus, donnèrent bien, à la date du 20 octobre 1880, une
somme considérable dans le même but, mais ce fut l'Hôtel-
Dieu de Beaune qui en bénéficia et non point le Bureau
de Bienfaisance de Puligny. Cette fondation a pour le pays
des avantages inappréciables : dès qu'il y a à Puligny un
malade, sans parents et sans ressources, on peut le conduire à l'Hospice de Beaune, où il est admis gratuitement;
mais combien il serait préférable qu'elle eût été faite en
faveur de l'Établissement communal! Il aurait maintenant
une salle pour les malades; une nouvelle Sœur Gérasime
serait venue les soigner. Leurs parents les auraient visités
sans dérangement et sans frais. Enfin, ces malheureux
n'auraient pas la tristesse d'aller finir leurs jours au milieu
d'inconnus et la perspective désolante d'être ensevelis dans
une terre étrangère. Combien nous ont manifesté cette
peine de leur cœur! Combien nous ont dit, les larmes aux
yeux : « Mais si je mourais donc ici ! Je serai donc séparé
« de mes parents, de mes amis, même après ma mort !
« A Beaune, personne ne viendra déposer sur ma tombe
« une fleur et une prière. Oh! que c'est pénible d'y
« penser! »

Comment les demoiselles Latour, avec la délicatesse de
sentiments qui les distinguait, n'ont-elles pas réfléchi à
toutes ces choses ? Comment n'ont-elles pas songé qu'il y
avait même avantage matériel pour le pays à garder les
malades dans son Établissement? Voilà ce que je ne puis
m'expliquer : il est vrai que Sœur Gérasime n'était plus là
pour leur en inspirer la généreuse idée.

Espérons que d'autres bienfaiteurs se rencontreront
pour réaliser le vœu de la bonne religieuse. Déjà certaines
âmes y pensent ; qu'il vienne des temps paisibles, des jours
où l'on soit assuré du lendemain, et la maison de Puligny s'ouvrira aux malades indigents de la commune (1).

VIII

Sœur Gérasime vieillissait et ses forces commençaient à
la trahir ; elle n'en continuait pas moins à se dévouer. Un
docteur, qui la voyait alors près des malades, disait d'elle :
« Quelle admirable femme! Comme elle était bonne, affec-
« tueuse et détachée d'elle-même ! Comme elle faisait
« attention à toutes mes paroles et exécutait mes ordres
« avec une fidélité allant jusqu'au scrupule! De telles per-
« sonnes ne devraient pas mourir. »

L'année terrible (2) fut fatale à Puligny. Les ennuis, les
craintes et les angoisses y multiplièrent les maladies et les
décès. Sœur Gérasime finit de s'épuiser près des morts
et des mourants. Comme si Dieu eut trouvé qu'elle avait
assez fait, il lui envoya une infirmité qui la réduisit à l'inaction : elle devint aveugle. Qui saura jamais ce qu'elle dût
alors souffrir. Cependant, rien ne paraissait au dehors ;

(1) Près de 30 mille francs seront donnés au Bureau à cette intention.
(2) 1870.

elle conservait un visage calme et serein, elle ne laissait
échapper aucune plainte. Elle trouvait d'ailleurs sa consolation dans une prière continuelle, dans les soins assidus
de ses compagnes et dans les marques d'affection que lui
prodiguaient les habitants de Puligny. De temps à autre,
elle se faisait encore conduire près des malades, et sa vue
seule les excitait à la patience et à la résignation.

Dès 1871, elle avait demandé une suppléante, et on lui
avait envoyé Sœur Éléonore. Quand elle eut mis celle-ci
au courant de toutes les obligations qui incombent à une
Supérieure et fait construire à ses frais le petit magasin
qui sert aujourd'hui de cuverie, elle comprit que sa mission était achevée à Puligny et ne pensa plus qu'à aller
finir ses jours à Saint-Joseph de Nancy.

En 1873, elle sollicita cette faveur qui, de suite, lui fut
accordée. Comme Sœur Rose, elle voulut éviter les émo-
tions si pénibles des adieux, et un matin on apprit, avec
consternation dans la paroisse, que Sœur Gérasime était
partie avant le jour pour ne plus revenir.

Voici le beau témoignage que lui rend M. l'abbé Clémencet, alors curé de Puligny, dans une lettre datée du
7 juin 1873 :

« La décision prise en faveur de Sœur Gérasime, notre
ancienne Supérieure, répondait à tous les besoins : quarante-deux ans d'un zèle et d'un dévoûment sans bornes,
consacrés à l'instruction des jeunes filles et au soin des
malades dans la paroisse de Puligny méritaient bien, pour
cette excellente religieuse, le repos dont elle va jouir. Elle
est partie contente : la pensée que la cécité la condamne-
rait ici à l'inaction lui était à charge. Inutile de vous dire

qu'elle emporte tous nos regrets et que nous ne l'oublie-
rons pas dans sa retraite.

« CLÉMENCET, curé de Puligny. »

Sœur Gérasime resta six ans à Saint-Joseph, passant
ses journées à méditer et à prier. On la voyait calme et
souriante, son long rosaire dans les mains et, à son seul
aspect, on était pénétré de vénération. C'était bien la vraie
servante du Seigneur, qui avait combattu le bon combat
et n'attendait plus que la couronne de justice. Dieu la rap-
pela près de lui le 8 août 1879; sa mort fut douce et pieuse
comme sa vie; nul doute qu'elle ne continue là-haut à
prier pour la paroisse, à qui elle avait donné son cœur et
les plus belles années de sa vie.

IX

Au départ de Sœur Gérasime commencent les temps
nouveaux. Il serait prématuré et peut-être téméraire d'en
raconter l'histoire qui, d'ailleurs, est connue de tous.
Qu'il nous suffise de préciser quelques faits importants et
de terminer la liste déjà longue des fondations déjà faites
en faveur de notre Établissement.

§ 1. — A partir de 1873, les Religieuses s'occupent
moins des malades, absorbées qu'elles sont par les exigences scolaires. Néanmoins, jusqu'en 1879, elles conti-
nuent à tenir la pharmacie et à fournir des remèdes, bien
souvent à titre gratuit. C'est alors que M. le docteur Mathouillet, d'aimable mémoire, vint s'établir comme médecin dans son pays natal et se chargea naturellement de
procurer les remèdes. Pendant plus de quinze ans, il se fit
tout à tous, comme Sœur Gérasime, qui avait été sa pre-

mière institutrice ! ! Il était déjà frappé à mort qu'il continuait encore à se dévouer et la nuit et le jour. Aussi, à son
décès, survenu en mai 1896, ce fut un deuil général dans
la commune ; et même, après sept ans, le mot qui sort de
toutes les lèvres est celui-ci : « Quel malheur nous avons
eu de perdre le bon M. Mathouillet. »

En 1896, les Religieuses n'étaient plus que trois, c'est-
à-dire le nombre à peine nécessaire pour instruire près de
cent enfants. Elles ne purent donc, à leur grand regret,
reprendre l'œuvre de Sœur Rose et de Sœur Gérasime.
Mais pourquoi étaient-elles réduites à trois, quand Sœur
Rose avait exigé, par son testament, qu'elles fussent toujours au nombre de quatre ? Le voici : en 1888, l'asile avait
été fermé parce que Puligny n'avait pas la population re-
quise par la loi, c'est-à-dire 1.200 habitants. M. l'Inspecteur voulait ouvrir une classe enfantine pour remplacer
l'asile. La directrice aurait été rétribuée par l'État, comme
auparavant, mais les enfants de deux à quatre ans n'auraient pas pu être admis à l'école. L'inquiétude fut vive
parmi les mères de famille, qui se voyaient obligées, à
l'avenir, de garder auprès d'elles leurs petits enfants. Une
pétition se couvrit de signatures ; on fit des démarches
auprès des Autorités ; le Conseil municipal intervint, tant
et si bien que l'asile se rouvrit comme école maternelle ;
mais la commune devait en prendre toute la charge. C'était
lourd pour un pays n'ayant d'autres ressources que les
centimes additionnels. Il ne fallait point, d'autre part,
songer à de nouveaux impôts, car le phylloxéra commen-
çait à ruiner le pays. Que faire, donc ? On eut recours au
Bureau de bienfaisance, qui consentit à allouer 600 francs
à la directrice de l'asile. En cela, il ne diminuait point la

part des indigents ; car, comme nous l'avons vu, les fondations de la famille d'Agrain, de Anne Carillon et de Sœur
Rose sont autant et même plus pour les Religieuses que
pour les pauvres ; seulement, il restreignait les ressources
des Sœurs que, suivant l'expression d'un ancien Maire,
on paya désormais avec leur propre argent. Ces dignes
Filles ne se plaignirent pas ; la Maison-Mère accepta l'ar-
rangement sans de trop grandes difficultés ; mais au départ
de Sœur Éléonore, en 1893, personne ne vint la remplacer.
Suivant une lettre de la Supérieure Générale, le traitement ne suffisait pas à l'entretien de quatre Religieuses.

Jusqu'à ce jour, le Bureau de bienfaisance a continué de
verser 600 francs aux Religieuses, en sorte que l'école
maternelle, depuis quinze ans, ne coûte à la commune que
100 francs alloués à la directrice et 200 francs donnés à la
Sœur de charge.

§ 2. — Après la guerre, la première bienfaitrice de
l'Établissement de Puligny fut Mᵐᵉ veuve Boullenot, née
Louise-Victoire Huret. A la date du 12 octobre 1874, elle
donna un capital de 6.000 francs au Bureau de bienfaisance
de Puligny, avec charge par lui d'en employer les revenus
à faire élever une orpheline dans une maison religieuse.
C'est encore à Mᵐᵉ veuve Boullenot que l'on doit l'étage
supérieur de la maison des pauvres, qui procure le grand
avantage de loger gratuitement huit personnes indigentes
au lieu de quatre.

En 1875, en raison de l'insuffisance de l'ancien asile et
en reconnaissance de tous les services rendus par le Bureau
et les Sœurs, la commune fit construire à ses frais les deux
belles salles qui servent actuellement d'école maternelle.
Le terrain, sur lequel s'élève cette école, appartient au

Bureau qui, d'après la donation de Gilbert Latour, doit en laisser la jouissance aux Religieuses. Personne ne s'opposa à cette construction ; car qui pouvait alors prévoir l'avenir ?

En 1881, le 8 mars, Mlle Anne-Thérèse Latour légua au Bureau une somme de 2.000 francs.

En 1887, ses neveu et nièce, M. Henri Jeunet et Mme Henri Jeunet, née Léonie Guyard, donnèrent la même somme à cet Établissement, qui reçut encore 1.000 francs, quelques années plus tard, de Mme veuve Richard, née Geneviève Decreusefonds.

Les intérêts de ces 5.000 francs doivent être employés au soulagement des pauvres.

A ces nombreux bienfaiteurs, il faut enfin ajouter Henri Segaut, Jeanne Letort et Claudine Bélicard. Le premier donna, en 1809, la rente annuelle et perpétuelle d'une feuillette de vin rouge Gamay logé ; la seconde, en 1810, une somme de 200 francs ; enfin, la troisième, en 1844, certaines propriétés dont le revenu doit être employé à instruire gratuitement quelques petites filles pauvres.

Espérons qu'à cette liste déjà magnifique viendront bientôt s'ajouter de nouveaux dons, qui la rendront plus belle encore. Que les temps soient paisibles et, nous avons toutes les raisons de le croire, Puligny, pour ses pauvres et ses malades, n'aura plus rien à envier aux grandes villes.

X

En terminant ce travail bien imparfait, répondons à une question qui vient naturellement à l'esprit : Quelle est la cause inspiratrice de tant de bienfaits ? L'idée religieuse, la croyance à ces paroles de l'Évangile : « Entrez dans la joie de votre Maître, car j'avais faim et vous m'avez donné à manger; j'avais soif et vous m'avez présenté à boire; j'étais sans abri et vous m'avez reçu dans votre maison; j'étais nu et vous m'avez procuré des vêtements, prisonnier et vous m'avez visité, malade et vous m'avez prodigué vos soins. Et quand donc, Maître, avons-nous accompli toutes ces choses ? En vérité, je vous le déclare, ce que vous avez fait au dernier des miens, c'est à moi-même que vous l'avez fait. » (Saint Math., XXV, 35 et suivants.)

Tous les bienfaiteurs de Puligny, en effet, sont profondément religieux; les actes que nous avons cités l'attestent; ceux qui les ont connus ou qui ont vécu avec leurs contemporains le proclament et, n'eût-on pas ce témoignage, que l'obligation imposée par eux au Bureau de faire célébrer des services religieux ou réciter des prières à leur intention, en serait une preuve irrécusable : ainsi, Mᵐᵉ d'Agrain, Jean-Baptiste Édouard, Marguerite Ranfer et l'abbé Musard exigent que l'on prie pour eux à la fin de chaque classe. De plus, le Bureau a la charge annuelle et perpétuelle de onze grandes messes et de dix messes basses pour les autres bienfaiteurs.

Je finis par un trait : Une jeune fille de Québec donna un jour toutes ses économies, c'est-à-dire 20 francs, à une Indienne, mourant de faim avec son enfant : « Dieu te conserve, ma sœur », dit l'Indienne; et quand elle eut réparé ses forces, elle partit rejoindre sa tribu, où elle occupait un rang distingué.

Les années s'écoulèrent, et la jeune Canadienne se maria. Des revers de fortune la plongèrent bientôt dans la plus profonde indigence. Depuis longtemps, lle avait oublié

l'aumône faite dans son bas âge, lorsqu'un matin elle reçut la visite d'un beau jeune homme qui, après l'avoir saluée, lui dit : « Vous souvenez-vous de l'Indienne que vous avez secourue autrefois? Je suis le fils de cette femme, que vous avez sauvée, car ma mère mourait de faim, et j'allais mourir avec elle lorsqu'elle vint implorer votre compassion.

« Maintenant, ma mère est allée vers Dieu ; mais avant de partir pour le grand voyage, elle m'a parlé de sa sœur au visage pâle et je me suis souvenu. » Après ces mots, le jeune homme sortit, et le lendemain la Canadienne, devenue pauvre, recevait une traite au montant de 20.000 francs.

Habitants de Puligny, depuis plus d'un siècle les Reliligieuses de la Doctrine Chrétienne ont prodigué à vos pères et à vous leur temps, leur dévoûment, leurs ressources matérielles, toutes les facultés de leur intelligence et de leur cœur. Maintenant les jours mauvais, les jours de tristesse et d'indigence sont arrivés pour elles. Comme le jeune Indien, souvenez-vous...

Dr LEJEUNE.

www.ingramcontent.com/pod-product-compliance
Lightning Source LLC
Chambersburg PA
CBHW070931280326
41934CB00009B/1829